MAREN KOLLIAS

GRIECHENLAND

· KOCHBUCH ·

Alle Ratschläge in diesem Buch wurden vom Autor und vom Verlag sorgfältig erwogen und geprüft. Eine Garantie kann dennoch nicht übernommen werden. Eine Haftung des Autors beziehungsweise des Verlags für jegliche Personen-, Sach- und Vermögensschäden ist daher ausgeschlossen.

Email: info@edition-lunerion.de
www.edition-lunerion.de

Psiana eCom UG
Berumer Str. 44
26844 Jemgum

Vorwort

Beim Gedanken an griechische Traumstrände geraten Sie ins Schwärmen? Moussaka, Gyros, Kritharaki & Co. wecken nicht nur Urlaubserinnerungen, sondern lassen Ihnen auch das Wasser im Munde zusammenlaufen? Dann warten Sie nicht bis zum nächsten Hellas-Trip, sondern zaubern Sie sich ab sofort Griechenland-Flair auf den Tisch, wann immer Sie wollen – mit diesem Buch klappt's kinderleicht!

Die verlockende Schlemmer-Vielfalt Griechenlands ist nicht nur unschlagbar köstlich, sondern punktet auch mit beeindruckender Vielfalt: Von italienischen über arabische bis hin zu türkischen Einflüssen wurde die jahrtausendealte Speisetradition immer weiter angereichert und verfeinert, sodass sie heute verführerische Vielfalt und einzigartige Geschmackskombinationen bietet. Als Bestandteil der berühmten „Mediterranen Ernährung" liefert sie zudem ein großes Gesundheitsplus – jede Menge Gründe also, die Leckereien öfter einmal aufzutischen. Ob Fleischfan, Fischliebhaber, Veggie oder Naschkatze, bei der Riesenauswahl bleiben keine Wünsche offen und Sie entdecken Vorspeisen, Hauptgerichte, Snacks, Desserts, Dips, Drinks und vieles mehr für jeden Geschmack.

Guten Appetit!

INHALT

Wissenswertes

Lesen Sie den Begriff „Griechische Küche“, so umfasst dieser alle in Griechenland zu findenden Speisen und Getränke. Die meisten Rezepte sind eher als „Grundrezepte“ zu verstehen, denn sie werden, je nach Region, mit unterschiedlichen Zutaten zubereitet. Dieser Umstand spiegelt sich auch im Geschmack wider. So kommt es, dass ein und dasselbe Gericht im Norden Griechenlands ganz anders schmeckt als im Süden.

Griechenland ist ein Land am Mittelmeer. Das ist in der griechischen Küche deutlich zu „schmecken“, denn Meeresfrüchte und Fisch sind häufig auf dem Teller der Einheimischen zu finden. Alles, was das Meer hergibt, wird in der Küche verwendet.

Im Gegensatz dazu ist Griechenland aber auch von einer gebirgigen Umwelt geprägt. Demzufolge wird von den griechischen Bauern auf dem Lande viel Vieh gehalten, meist sind es Schafe und Ziegen. Und auch diese landen irgendwann in der Küche. In ganz Europa sind die Griechen ganz oben, was den Verbrauch dieser Fleischarten betrifft.

Diese wunderbare Welt der Berge hat aber noch viel mehr Vorzüge, denn hier wachsen die unterschiedlichsten Kräuter- und Gemüsearten, vielfach in freier Wildbahn. Schon vor Jahrhunderten nutzten die Einwohner des Landes diese kulinarische Vielfalt und daher ist es nicht verwunderlich, dass auch heute noch solche Wildkräuter in der Küche eine große Bedeutung haben.

Vieles, was Sie heute auf griechischen Speisekarten finden, wurde schon vor Urzeiten ähnlich zubereitet.

Weiterhin hatte die kulturelle Entwicklung im östlichen Mittelmeerraum einen großen Einfluss auf die griechische Küche. Das Land gehörte dem mittelalterlichen Byzantinischen Reich an. Während dieser Zeit wurden viele Zutaten und Gewürze, die heute Verwendung finden, aus dem Nahen Osten eingeführt und in die griechische Küche involviert. Bestes Beispiel sind hier die Süßspeisen. Diese sind äußerst süß und zuckerhaltig. Oft werden sie in Sirup „ertränkt" ... diese Zubereitungsart ist auch in anderen Mittelmeerländern zu finden, zum Beispiel in der Türkei.

Viele der in diesem Buch aufgeführten Rezepte sind eigentlich nicht rein griechisch, sondern eben auch in einigen Nachbarländern als gängige Speisen zu betrachten. Trotzdem hat jede Nation ihre eigenen Abwandlungen und es schmeckt deshalb überall anders. Es werden nationale Zutaten eingebracht, welches jedes einzelne Gericht zu einem regionalen Genuss werden lässt.

Auf der Insel Kreta wurde zum Beispiel das Kochen mit Joghurt übernommen. Diese Abwandlung stammt aus dem arabischen Raum.

Auf Korfu wiederum ist der Einfluss Italiens erkennbar. Es gibt hier Nudelgerichte, die eine italienische Zubereitungsart erfordern, allerdings mit griechischen Gewürzen angereichert werden. Von hier aus, den Ionischen Inseln, verbreitete sich damals ein Nudelauflauf, der heute auch in Italien angeboten wird. Zudem fanden einige Sorten Käse von den Ionischen Inseln den Weg nach Italien und diese werden heute tatsächlich als italienische Käsesorten eingestuft, obgleich sie eigentlich aus Griechenland stammen.

In der griechischen Küche wird reichlich Gemüse mit den für Griechenland typischen Kräutern und Gewürzen gereicht. Meeresfrüchte und das Fleisch von Ziegen und Schafen bilden daneben den größten Prozentteil der Nahrung. Allerdings gehört in Griechenland auch Rind- und Schweinefleisch auf den Speiseplan, welches aber überwiegend aus Importen stammt.

Hauptsächlich werden die Speisen im Backofen zubereitet, denn so kann es gut warmgehalten werden. Oftmals werden die Gerichte auch nur lauwarm verzehrt. Brot bildet eine wichtige Beilage dazu.

Gekocht, geschmort und gebraten wird überwiegend mit reichlich Olivenöl. Dies ist ein wichtiger Bestandteil der griechischen Küche.

Die Zusammensetzung vieler griechischer Gerichte ist der Fastenzeit zu verdanken. Während dieser Zeit dürfen keine tierischen Zutaten verzehrt werden. Süßspeisen und Fisch sowie Meeresfrüchte sind allerdings erlaubt, ebenso proteinreiche Nahrungsmittel wie Schnecken.

Die Geselligkeit der griechischen Bürger hat einen hohen Stellenwert. So auch beim Essen. Wegen der doch hohen Temperaturen, die tagsüber in Griechenland herrschen, ist es hier üblich, am Abend in geselliger Runde zusammenzukommen und zu speisen.

Wenn Sie ein typisch griechisches Restaurant besuchen, sind hier schon deutliche Unterschiede spürbar. Es ist nicht üblich, dass sich jeder Gast sein eigenes Gericht bestellt. Der Einladende bestellt für alle. Das Essen wird in der Mitte des Tisches platziert und jeder Gast nimmt sich davon, was er möchte.

An Getränken wird meist Wasser gereicht. Selters, die mit Kohlensäure versetzte Variante, gibt es nach dem Essen, um die Verdauung anzuregen.

Frischmilch ist in Griechenland sehr teuer, weil sie nur innerhalb weniger Tage angeboten werden darf. Deshalb ist es hier gängig, Konzentrate aus H-Milch oder sogenannte Süßmilch zu verwenden.

Der beliebteste Tee in Griechenland ist der Bergtee. Auf Kreta allerdings wird der Diptam-Tee bevorzugt.

Die Griechen sind aber auch Kaffeetrinker. Ein typisch griechischer Kaffee wird wie Mokka zubereitet und ist deshalb auch sehr stark. Oft wird er mit Zucker genossen.

Weit verbreitet ist auch der Genuss von Café Frappé. Dieser wird im Sommer häufiger getrunken als die heiße Variante.

Der „Neskafé“ ist der Bedeutung des Filterkaffees in Deutschland gleichzusetzen. Jede Art von Instantkaffee heißt hier Neskafé. Dieser ist ein wichtiger Bestandteil des griechischen Frühstücks, wenn es denn als solches bezeichnet werden kann, denn die wenigsten Griechen frühstücken so, wie Sie es kennen. Es gibt einen „Neskafé“ und eine Kleinigkeit zum in den Mund stecken.

Alkoholische Getränke zeichnen sich durch den sehr beliebten griechischen Wein aus. Daneben sind der Ouzo und Metaxa, welcher auch in der Küche Verwendung findet, sehr bekannt. In den Sommermonaten wird gerne auch Bier getrunken. Inzwischen gibt es auch griechische Sorten. Der Begriff „Birra“ ist der deutschen Sprache angelehnt, denn das altgriechische „Zythos“ wurde nie wirklich akzeptiert. Zu finden ist es aber in der Übersetzung für „Bierbrauerei“. Diese heißt in Griechenland nämlich „Zythopiia“.

Soweit ein kleiner Einblick in die kulinarische Vielfalt Griechenlands. Lassen Sie sich in diesem Kochbuch inspirieren und kochen Sie die eine oder andere Spezialität dieses Landes nach.

In einigen Rezepten wird als Zutat eine TK-Kräutermischung aufgeführt. An dieser Stelle können Sie selbstverständlich auch frische Kräuter zum Einsatz kommen lassen, der Geschmack wird dann um einiges aromatischer sein.

Zudem finden Sie am Ende dieses Kochbuches einige Rezepte für Gewürz- und Kräutermischungen, um diese schnell und einfach selbst herzustellen.

Die folgende Einkaufsliste bietet Ihnen einen kleinen Überblick aller gängigen Zutaten der griechischen Küche, mit denen Sie häufiger konfrontiert werden.

Viel Spaß beim Lesen und Nachkochen!

EINKAUFSLISTE

Hier finden Sie die am häufigsten verwendeten Zutaten auf einen Blick. Die meisten finden Sie in gut sortierten Supermärkten. Ansonsten ist ein türkischer Supermarkt eine gute Anlaufstelle, um solche Produkte zu erwerben.

Kritharaki – griechische Reisnudeln
Fetakäse – griechischer Salzlakenkäse
Olivenöl
Oliven, schwarz
Oliven, grün
Zucchini
Auberginen
Zwiebeln
Knoblauch
Tomaten
Paprika
Kichererbsen
Tellerlinsen/Berglinsen
Blätterteig
Weizenmehl Typ 550 & 1050
Roggenmehl Typ 1150
Kataifi Teig (Teigfäden)
Semola Mehl (Mehl aus Hartweizengrieß)
Ouzo (Anis-Spirituose)
Filoteig, Yufkateig (sehr dünne Teigscheiben, Blätterteig)
Weinblätter
Reis
Ahornsirup
Fenchelsaat (im Gewürzregal eines SB-Marktes)
Fleur de sel (sehr kostbares Salz, siehe Kapitel Gewürze)

Frühstück

Traditionell wird in Griechenland eher nicht gefrühstückt. Die Einheimischen begnügen sich meist mit einem süßen Kaffee und ein paar Keksen oder Pasteten.

Dennoch verzichtet nicht jeder Grieche auf die Mahlzeit in der Früh. Deshalb gibt es selbstverständlich einige Spezialitäten, die gerne verspeist werden.

RISOGALO

GRIECHISCHER MILCHREIS

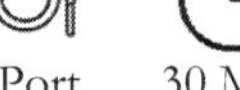

4 Port. 30 Min. Leicht

Zutaten

1 l Milch
200 g Reis
100 g Zucker
400 ml Wasser
1 Vanilleschote (Mark)
2 Eier
1 EL Zimt
1 EL Kartoffelmehl

Nährwerte p. P.

611 kcal
109 g Kohlenhydrate
12 g Fett
15 g Eiweiß

1 Bringen Sie das Wasser zum Kochen. Geben Sie die Milch und den Reis dazu und köcheln Sie unter stetigem Rühren das Gericht, bis der Reis weich wird. Anschließend geben Sie den Zucker dazu.

2 Das Kartoffelmehl mischen Sie mit etwas Wasser zu einer sämigen Masse und rühren diese ebenfalls in den köchelnden Reis.

3 Trennen Sie die Eier. Verquirlen Sie die Eigelbe und rühren Sie sie vorsichtig in den Milchreis. Das Eiweiß wird nicht benötigt.

4 Nach Fertigstellung des Reises geben Sie das Mark der Vanilleschote dazu und rühren es darunter.

5 Nun füllen Sie den fertigen Milchreis zum Abkühlen in kleine Schälchen. Zum Servieren streuen Sie etwas Zimt über den Milchreis.

TIROPITAKIA

GRIECHISCHE SCHAFSKÄSE-TEIGTASCHEN

 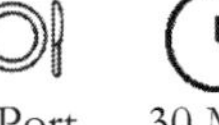 

20 Port. 30 Min. Leicht

Zutaten

500 g Mehl
1 Tasse lauwarme Milch
½ Hefewürfel
¾ Tasse Pflanzenöl
1 TL Salz
2 Eier
1½ bis 2 Pck. Fetakäse
1 EL Milch
etwas Pfeffer

Nährwerte p. P.

204 kcal
19 g Kohlenhydrate
12 g Fett
6 g Eiweiß

1 Lösen Sie in der lauwarmen Milch den halben Hefewürfel auf. In der Zwischenzeit füllen Sie das Mehl in eine Rührschüssel und mischen das Salz darunter.

2 Anschließend geben Sie das Öl und den in der Milch aufgelösten Hefewürfel dazu und verarbeiten die Masse mit einem Knethaken zu einem homogenen Teig.

3 Formen Sie nun kleine Kugeln aus dem Teig, die etwa die Größe eines Tischtennisballs aufweisen und drücken Sie sie zu einem flachen Plätzchen.

4 Trennen Sie bei einem Ei das Eigelb heraus und stellen es beiseite. Das zweite Ei vermengen Sie mit dem übrig gebliebenen Eiweiß und würzen es mit etwas Pfeffer. Zerdrücken Sie den Fetakäse und mischen Sie die Eimasse darunter.

5 Die Feta-Ei-Mischung geben Sie nun auf die flachgedrückten Plätzchen und verschließen diese anschließend. Platzieren Sie die Käsetaschen auf ein mit Backpapier bestücktes Backblech.

6 Nun mischen Sie das Eigelb mit einem Esslöffel Milch und bestreichen damit die Käsetaschen.

7 Nach Belieben können Sie die Tiropitakia noch etwas gehen lassen, nötig ist es aber nicht.

8 Backen Sie die Feta-Taschen bei 180 ° C Ober-/Unterhitze in etwa 30 Minuten fertig.

KOULOURI

GRIECHISCHE SESAMRINGE

10 Port.

2 Std.

Mittel

Zutaten

Teig:
450 g Weizenmehl vom Typ 405
50 g Weizen-Vollkornmehl
40 g Zucker
42 g frische Hefe
1 TL Meersalz
300 ml warmes Wasser
Olivenöl

Sesamschicht:
1 EL flüssiger Honig
200 g gerösteter Sesam
250 ml warmes Wasser
3 EL Butter nach Bedarf zum Einpinseln

Nährwerte p. P.

340 kcal
44 g Kohlenhydrate
13 g Fett
10 g Eiweiß

1 Zunächst mischen Sie in einer Schüssel das Weizen- und das Vollkornmehl mit dem Salz.

2 Füllen Sie nun 300 ml warmes Wasser in einen Messbecher und lösen darin unter Rühren den Zucker auf. Geben Sie den zerkleinerten Hefewürfel dazu und rühren so lange weiter, bis sich auch dieser aufgelöst hat.

3 Nehmen Sie eine weitere große Schüssel zur Hand und füllen Sie das Hefe-Zuckerwasser hinein. Mischen Sie zwei Esslöffel der Mehlmischung hinzu und stellen Sie die Schüssel für etwa zehn Minuten zur Seite, damit die Hefe "wachsen" kann.

4 Mischen Sie nach der Ruhezeit die restliche Mehlmischung hinzu und kneten Sie den Teig in ca. zehn Minuten zu einer homogenen Masse.

5 Formen Sie anschließend eine große Kugel aus dem Teig und reiben Sie diese mit Olivenöl ein. Danach lassen Sie die Masse für 90 Minuten in der Schüssel ruhen, damit der Teig aufgehen kann. Er sollte in etwa die doppelte Masse annehmen.

6 Bereiten Sie in der Zwischenzeit eine ausreichend große Arbeitsfläche zum Kneten und Formen des Teiges vor. Ölen Sie diese mit etwas Olivenöl ein, damit Ihnen der Teig nicht festklebt. Sie können auch Mehl verwenden, allerdings besteht dann die Gefahr, dass die Sesamkringel nicht so saftig werden, wie es eigentlich gewünscht ist.

7 Belegen Sie nun zwei Bleche mit Backpapier und heizen Sie den Ofen auf 200 ° C Ober-/Unterhitze vor. Sie können entweder die Bleche einzeln backen oder beide zusammen, dann stellen Sie den Backofen auf 180 ° C Umluft ein.

8 Teilen Sie den Teig in zehn gleich große Stücke. Diese haben in etwa ein Gewicht von 85 g. Formen Sie anschließend aus jedem einzelnen Stück Teig einen Strang von ca. 40 cm Länge. Die Sesamringe werden umso knuspriger, je länger und dünner die Stränge geformt sind.

9 Nun verrühren Sie den Honig mit 250 ml warmem Wasser, bis er sich aufgelöst hat. Die Sesamsamen füllen Sie auf einen flachen Teller zum Panieren der Sesamringe.

10 Formen Sie aus den Teigstangen runde Kringel, indem Sie die Enden zusammendrücken. Tauchen Sie diese nur ganz kurz in das Honigwasser und panieren Sie sie sofort mit dem Sesam. Dann legen Sie die Kringel auf das Backblech.

11 Backen Sie die Sesamkringel entweder jedes Blech einzeln oder beide Bleche zusammen für etwa 20 Minuten im Backofen, bis sie eine goldbraune Farbe angenommen haben.

12 Wenn Sie einen Buttergeschmack wünschen, können Sie die fertigen Sesamringe mit etwas geschmolzener Butter einpinseln und dann auf einem Küchenrost auskühlen lassen.

Tipp: In Griechenland werden die Sesamringe gerne mit Feta und Weintrauben verzehrt. Allerdings sind hier Ihrer Fantasie keine Grenzen gesetzt. Sie können sie mit allen möglichen Aufschnittvarietäten belegen oder mit Dips genießen. Ob diese herzhaft oder süß sind, bleibt Ihrem Geschmack überlassen.
Auch in der Türkei ist diese Spezialität erhältlich. Dort wird sie „Simit" genannt.

STRAPATSADA

GRIECHISCHES RÜHREI

4 Port.

25 Min.

Leicht

Zutaten

800 g Tomaten
2 Knoblauchzehen
2 Zwiebeln
8 Eier
6 EL Olivenöl
2 EL Balsamico-Essig
2 TL Zucker
2 TL Paprikapulver rosenscharf
160 g Feta
Salz, Pfeffer und Kreuzkümmel
Thymian und Petersilie

Nährwerte p. P.

510 kcal
15 g Kohlenhydrate
41 g Fett
19 g Eiweiß

1 Schälen Sie zunächst die Zwiebeln und den Knoblauch und schneiden Sie beides in kleine Würfel. Die Tomaten übergießen Sie mit kochendem Wasser, damit Sie die Haut abziehen können. Das Fleisch der Tomaten zerkleinern Sie in feine Stückchen.

2 Die Eier quirlen Sie in einer Schüssel zu einer sämigen Masse und würzen diese anschließend mit Pfeffer, Salz und Thymian. Stellen Sie die Eimasse zur Seite.

3 Erhitzen Sie das Öl in einer Pfanne und geben Sie erst die Zwiebeln und dann den Knoblauch hinein. Dünsten Sie beides, bis es glasig wird. Anschließend geben Sie den Zucker in die Pfanne und lassen ihn schmelzen. Gießen Sie den Essig dazu und köcheln Sie alles so lange, bis die Flüssigkeit verdampft ist.

4 Nun fügen Sie die Tomaten hinzu und rühren sie vorsichtig darunter. Schmecken Sie mit Salz, Pfeffer, Paprikapulver und Kreuzkümmel ab.

5 Gießen Sie die Eimasse in die Pfanne und rühren Sie mit einem Holzlöffel alles durch. Wenn das Ei gestockt ist, rühren Sie erneut um. Fahren Sie fort, bis das Ei gut durchgegart ist.

6 Richten Sie das Rührei auf einem Teller an und garnieren es mit zerbröseltem Feta und der Petersilie.

Tipp: Sie können zum Würzen auch Basilikum und Oregano zufügen. Schwarze Oliven passen ebenso hervorragend dazu.

TIROPITA

BLÄTTERTEIGGEBÄCK MIT FETA

12 Port. 50 Min. Leicht

Zutaten

2 Packungen Blätterteig
500 g Feta
3 Eier
50 ml Milch
1 EL Olivenöl

Zum Bestreichen:
2 EL Milch
1 Ei
Sesam

Nährwerte p. P.

325 kcal
19 g Kohlenhydrate
23 g Fett
11 g Eiweiß

1 Heizen Sie zunächst den Backofen nach Packungsangabe des Blätterteiges vor.

2 Zerbröseln Sie den Fetakäse in kleine Stückchen und füllen Sie ihn in eine Schüssel.

3 Fügen Sie die drei Eier dazu und geben Sie die Milch und das Olivenöl dazu. Vermischen Sie alle Zutaten zu einer homogenen Masse.

4 Bereiten Sie ein Blech mit Backpapier vor und bestücken Sie es mit einer Packung Blätterteig. Bestreichen Sie den Teig mit der Fetamischung und legen Sie den Blätterteig der zweiten Packung darauf.

5 Drücken Sie die Ränder des Blätterteiges mit einer Gabel zusammen, damit die Füllung beim Backen nicht ausläuft.

6 Vermischen Sie das Ei mit zwei Esslöffeln Milch und etwas Sesam. Bestreichen Sie anschließend den Blätterteig mit dieser Eimischung, damit die Tiropita eine goldbraune Farbe annimmt.

7 Backen Sie den Fetakuchen nach Anweisung der Blätterteigpackung.

Tipp: Diese Pastete können Sie warm oder kalt verzehren. Eine beliebte Alternative bildet eine Füllung mit Spinat. Sie können das Rezept statt mit Fetakäse auch mit anderen Käsesorten zubereiten. Sehr beliebt sind in Griechenland Varianten mit Parmesan, Regatoa oder Parmesan. Aber auch Gouda oder Emmentaler kommen zum Einsatz. In vielen griechischen Bäckereien ist diese Pastete erhältlich. Hier wird sie meist in kleineren Versionen angeboten, damit der Kunde sie unterwegs verzehren kann.

Salate

KRITHARAKISALAT

GRIECHISCHER REISNUDELSALAT

6 Port. 30 Min. Leicht

Zutaten

500 g Kritharaki-Nudeln
1 rote Zwiebel
Je 1 rote und gelbe Paprika
6 Tüten Knorr Fix Gartenkräuter
1 Knoblauchzehe
1 Pck. TK 8-Kräuter-Mischung
6 - 8 EL Olivenöl
Salz, Pfeffer, Zucker

Nährwerte p. 100 g

18 kcal
206 g Kohlenhydrate
0 g Fett
1 g Eiweiß

1 Kochen Sie die griechischen Reisnudeln wie auf der Verpackung angegeben.

2 Währenddessen waschen und zerkleinern Sie die Paprika. Schälen Sie die Zwiebel und schneiden Sie diese in kleine Würfel. Die Knoblauchzehe können Sie klein schneiden oder pressen.

3 Geben Sie die Reisnudeln nach dem Abkühlen in eine Schüssel und mengen Sie das Olivenöl darunter.

4 Anschließend mischen Sie vorerst vier Tüten Knorr Fix dazu und schmecken die Reisnudeln mit Salz, Pfeffer und Zucker ab. Würzen Sie nach Bedarf noch einmal mit Knorr Fix und den Gewürzen nach.

Tipp: Diesen Reisnudelsalat können Sie nach Belieben mit Fetakäse, Oliven, Mais, Kochschinken oder Putenbruststreifen zubereiten.

CHORIATIKI

GRIECHISCHER DORFSALAT

4 Port.

25 Min.

Leicht

Zutaten

2 Tomaten
1 Zwiebel
1 Gurke
50 g Feta
4 Oliven
3 EL Olivenöl
1 Prise Kräutersalz

Zutaten Vinaigrette:
200 ml Wasser
1 TL Zucker
2 TL Salz
1 Schuss Essig

Nährwerte p. P.

139 kcal
5 g Kohlenhydrate
11 g Fett
3 g Eiweiß

1 Die Tomaten und die Gurke waschen Sie zunächst ab. Anschließend schneiden Sie die Tomaten in Spalten und die Gurke in dünne Streifen.

2 Schälen Sie die Zwiebel und schneiden Sie diese in dünne Ringe. Nach Belieben können Sie sie auch würfeln.

3 Vermengen Sie die Tomaten, die Gurke und die Zwiebeln miteinander und geben Sie das Olivenöl dazu.

4 Aus den angegebenen Zutaten stellen Sie eine Vinaigrette her und rühren sie unter den Salat. Schmecken Sie das Gericht mit Kräutersalz ab.

5 Zum Schluss geben Sie die entkernten Oliven und den Fetakäse dazu. Sie können diese Zutaten auf dem Salat drapieren oder daruntermischen.

Tipp: Der Dorfsalat wird gerne als Vorspeise gereicht. Er schmeckt aber auch zu allen Fleischsorten. Sie können den Salat nach Belieben mit Paprika oder Blattsalat ergänzen sowie frische Kräuter dazugeben.

GRIECHISCHER ZUCCHINISALAT

 6 Port.  1,5 Std. Leicht

Zutaten

4 kleine Zucchini
1 große Paprika
2 kleine Zwiebeln
2 Tomaten
1 Salatkopf
250 g Feta
1 Pck. Dill (TK)
1 Pck. Petersilie (TK)
4 EL Olivenöl
2 EL Öl
2 EL Zitronensaft
1 EL Essig
Salz, Pfeffer, Zucker

Nährwerte p. P.

221 kcal
6 g Kohlenhydrate
18 g Fett
10 g Eiweiß

1 Waschen Sie die Zucchini ab und schneiden Sie sie in Scheiben. Anschließend braten Sie diese im Olivenöl glasig bis leicht bräunlich und streuen den Dill darüber. Geben Sie die Zucchini mit der Bratflüssigkeit in eine Schüssel.

2 Mischen Sie die gebratenen Zucchini mit Öl, Essig und Zitronensaft und schmecken Sie mit Salz, Pfeffer und Zucker ab.

3 Die Tomaten, die Zwiebeln und die Paprika werden in Scheiben und Streifen geschnitten und mit den Zucchini vermengt.

4 Nun mischen Sie den zerbröckelten Fetakäse und die Petersilie dazu und stellen den Salat für etwa eine Stunde in den Kühlschrank.

5 Kurz vor dem Servieren geben Sie die gewaschenen und zerkleinerten Salatblätter dazu.

GRIECHISCHER MELONENSALAT MIT SCHINKEN

6 Port.

30 Min.

Leicht

Zutaten

1 kleine Wassermelone
80 g Schinken, luftgetrocknet (dünne Scheiben)
100 Feta
1 Zweig Minze
1 Zweig Basilikum
Olivenöl
2 EL Pinienkerne
Je 1 Prise Salz und Pfeffer

Nährwerte p. P.

125 kcal
8 g Kohlenhydrate
7 g Fett
8 g Eiweiß

1 Schneiden Sie die Wassermelone in Spalten und trennen Sie das Fruchtfleisch von der Schale. Zerteilen Sie die Wassermelone in mundgerechte Häppchen. Richten Sie die Happen auf einer entsprechend großen Platte oder auf Tellern an.

2 Rösten Sie die Pinienkerne in einer Pfanne ohne die Zugabe von Fett, bis sie eine goldbraune Farbe angenommen haben. Salzen Sie die Kerne und stellen Sie sie vorerst beiseite.

3 Zerbröckeln Sie den Fetakäse und richten Sie ihn mit den Schinkenscheiben auf den Melonenstücken an.

4 Waschen Sie die Kräuter und zupfen Sie sie in feine Stückchen. Streuen Sie die Kräuter mit den gerösteten Pinienkernen über den Salat, träufeln Sie etwas Olivenöl darüber und würzen Sie ihn mit dem Pfeffer.

5 Servieren Sie den Melonensalat sofort nach dem Anrichten.

GRIECHISCHER BROTSALAT

 4 Port.
 20 Min.
 Leicht

Zutaten

400 g Weißbrot
60 g Kritharaki (griechische Reisnudeln)
350 g bunte Kirschtomaten
100 g schwarze Oliven, ohne Stein
200 g Feta
2 Knoblauchzehen
2 EL Zitronensaft
2 EL Weißweinessig
½ Salatgurke
1 TL flüssiger Honig
6 EL Olivenöl
½ Bund Petersilie
2 Prisen Salz

Nährwerte p. P.

617 kcal
59 g Kohlenhydrate
34 g Fett
19 g Eiweiß

1 Kochen Sie zunächst die Reisnudeln nach Packungsanweisung. Anschließend gießen Sie sie ab und lassen sie abkühlen.

2 Schneiden Sie das Weißbrot erst in Scheiben und anschließend in Würfel. Schälen Sie die Knoblauchzehen und hacken Sie sie in grobe Stücke.

3 Erhitzen Sie zwei Esslöffel Olivenöl in einer Pfanne und rösten Sie die Brotwürfel darin an. Geben Sie den Knoblauch dazu und wenden Sie alles zwischendurch.

4 Waschen Sie die Petersilie und zupfen Sie sie in kleine Stücke. Waschen Sie die Tomaten und zerteilen Sie die Gurke in kleine Stücke. Schneiden Sie die Oliven in Scheibchen und zerbröckeln Sie den Fetakäse.

5 Mischen Sie für die Marinade den Zitronensaft, den Essig, zwei Esslöffel Olivenöl, den Honig und etwas Salz zusammen. Rühren Sie die Zutaten gut durch oder schütteln Sie sie in einem verschließbaren Behälter.

6 Vermischen Sie in einer Schüssel die Gurken, Tomaten, Oliven und die Petersilie und geben Sie die Marinade darüber.

7 Zum Schluss geben Sie die gerösteten Brotwürfel mit dem Knoblauch und die Reisnudeln dazu.

8 Richten Sie den Salat auf Tellern an und verteilen Sie den Fetakäse darüber.

Suppen

GRIECHISCHE ZITRONENSUPPE

4 Port. 40 Min. Leicht

Zutaten

250 g Zucchini
250 g Paprika
1 Zwiebel
2 Knoblauchzehen
100 g Reis
1 EL Öl
1 l Hühnerbrühe (Instant)
150 g TK-Erbsen
5 - 6 EL Zitronensaft
2 Eigelb
Salz und Pfeffer
etwas Zitronenschale zum Garnieren

Nährwerte p. P.

220 kcal
30 g Kohlenhydrate
7 g Fett
10 g Eiweiß

1 Schälen Sie die Zwiebel und die Knoblauchzehen und schneiden Sie sie in kleine Würfel. Anschließend dünsten Sie sie in Öl glasig an und geben den Reis dazu. Nach kurzem Anbraten löschen Sie mit der Brühe ab. Garen Sie das Gericht für etwa 15 Minuten bei mittlerer Hitze.

2 In der Zwischenzeit bereiten Sie die Paprika vor und schneiden sie in kleine Würfel. Verfahren Sie mit den Zucchini ebenso. Geben Sie nach ca. zehn Minuten Kochzeit das Gemüse in die Suppe und lassen Sie sie erneut aufkochen. Nun rühren Sie den Zitronensaft hinzu und schmecken mit Salz und Pfeffer ab.

3 Die Suppe muss nun etwas auskühlen, bevor Sie das Eigelb unterrühren können. Wenn die Suppe zu heiß ist, stockt das Eigelb.

4 Bei schwacher Hitze erwärmen Sie die Zitronensuppe wieder, bis sie eine sämige Konsistenz bekommt. Achten Sie darauf, dass sie nicht wieder aufkocht.

5 Nach Fertigstellung garnieren Sie die Suppe mit der Zitronenschale.

KREATOSOUPA

GRIECHISCHE RINDFLEISCHSUPPE

8 Port.

2 Std.

Leicht

Zutaten

500 g Rindergulasch
100 g Kritharaki (Reisnudeln)
800 ml Rinderfond
200 g Tomatenmark
getr. Thymian und Oregano
Salz, Pfeffer und Chiliflocken
Rinderbrühe (Instant) zum Abschmecken

Nährwerte p. P.

273 kcal
15 g Kohlenhydrate
17 g Fett
14 g Eiweiß

1 Braten Sie das Gulasch scharf an und fügen Sie das Tomatenmark dazu.

2 Anschließend löschen Sie das Fleisch mit dem Rinderfond ab und füllen die Flüssigkeit mit Wasser bis auf zwei Liter auf. Köcheln Sie das Gulasch für 1½ Stunden bei mittlerer Hitze.

3 Mit einem Pürierstab zerkleinern Sie nun das Gulasch, bis feine Fleischfäden entstanden sind.

4 Nun würzen Sie die Suppe kräftig mit Salz, Pfeffer und Chili sowie den Kräutern. Bringen Sie mit den Chiliflocken nicht zu viel Schärfe hinein, diese also sehr vorsichtig verwenden.

5 Zum Schluss geben Sie die Reisnudeln hinzu und lassen die Suppe für weitere 30 Minuten köcheln.

Tipp: Die Gewürze Thymian und Oregano sorgen für den typischen Geschmack dieser Suppe. Das Gulasch können Sie bereits vor dem Kochen so klein wie möglich schneiden, dann brauchen Sie den Pürierstab nicht einsetzen. Nach Belieben können Sie Stangensellerie hinzufügen, um den Geschmack abzurunden.

FASOLADA

GRIECHISCHE BOHNENSUPPE (VEGAN)

6 Port.

35 Min.

Leicht

Zutaten

200 g weiße Riesenbohnen (Gigantes, getrocknet oder aus der Dose)
1 Zwiebel
2 kleine Möhren
1 Dose gehackte oder passierte Tomaten (400 g)
1 Stange Sellerie
1 EL Tomatenmark
125 ml Olivenöl
getr. Oregano und Thymian
½ TL Bohnenkraut
1 Lorbeerblatt
2 EL Petersilie
Salz und Pfeffer
750 ml Wasser

Nährwerte p. P.

899 kcal
59 g Kohlenhydrate
65 g Fett
14 g Eiweiß

1 Wenn Sie getrocknete Bohnen verwenden möchten, weichen Sie diese für mindestens acht Stunden ein. Alternativ können Sie auch Bohnen aus der Dose verwenden.

2 Spülen Sie die Bohnen gut ab und lassen Sie sie abtropfen.

3 In der Zwischenzeit schneiden Sie die Möhren in dünne Scheiben. Den Sellerie schneiden Sie nach dem Waschen in kleine Würfel. Mit der Zwiebel verfahren Sie ebenso.

4 Erhitzen Sie eine reichliche Menge Olivenöl in einem ausreichend großen Topf und dünsten darin die Zwiebel und die Möhren an. Geben Sie nun die gehackten oder passierten Tomaten dazu und dünsten Sie sie kurz weiter.

5 Geben Sie anschließend die Bohnen und das Wasser hinzu. Die Bohnen müssen vollständig bedeckt sein.

6 Nun würzen Sie das Gericht nach Ihrem Bedarf mit Thymian, Oregano, Lorbeerblättern, Bohnenkraut, Petersilie, Pfeffer und Salz. Die Suppe muss jetzt bei mittlerer Hitze etwa eine halbe Stunde mit aufgelegtem Deckel köcheln.

7 Nach Ende dieser Kochzeit geben Sie den Sellerie und das Olivenöl dazu und lassen die Suppe noch einmal aufkochen.

Tipp: Das Olivenöl können Sie großzügig verwenden, denn es ist in diesem Rezept eine wichtige Komponente. Die Fasolada wird gerne während der Fastenzeit vor Ostern gereicht. Dazu wird Fladenbrot serviert. An Feiertagen wird diese Suppe allerdings mit Fisch verzehrt.

REVITHOSOUPA

GRIECHISCHE KICHERERBSENSUPPE (VEGAN)

4 Port.

35 Min.

Leicht

Zutaten

250 g Kichererbsen (getrocknet oder aus der Dose)
2 TL Backpulver
2 Möhren
2 Knoblauchzehen
2 große Zwiebeln
1 Lorbeerblatt
3 EL Olivenöl
getr. Thymian
2 l Gemüsebrühe
2 EL Petersilie, gehackt
1 EL Mehl
Je 1 Prise Pfeffer und Meersalz
Saft von zwei Zitronen

Nährwerte p. P.

321 kcal
18 g Kohlenhydrate
24 g Fett
5 g Eiweiß

1 Die getrockneten Kichererbsen weichen Sie für mindestens vier Stunden, besser aber über Nacht ein. Fügen Sie dem Wasser etwas Backpulver zu. Das Weichwasser gießen Sie weg und setzen die Kichererbsen mit frischem Wasser auf. Fügen Sie auch hier etwas Backpulver dazu. Garen Sie die Erbsen für etwa 60 bis 90 Minuten. Sollte sich während der Kochzeit Schaum auf der Oberfläche bilden, schöpfen Sie diesen ab.

2 Nach dem Garen schrecken Sie die Kichererbsen mit kaltem Wasser ab und lassen sie abkühlen. Nun können Sie die Hülsen entfernen. Dazu reiben Sie die Erbsen zwischen Ihren Handflächen. Sollte Ihnen dieser Prozess zu lange dauern, greifen Sie auf Kichererbsen aus der Dose zurück. Diese sind bereits vorgekocht und geschält.

3 Die Möhren und die Zwiebeln schneiden Sie in kleine Würfel und dünsten sie in einem Esslöffel Olivenöl an. Geben Sie anschließend die Kichererbsen dazu und füllen Sie zwei Liter Gemüsebrühe auf. Pellen Sie den Knoblauch und schneiden Sie ihn in feine Stücke. Diese geben Sie zur Suppe.

4 Nach der Kochzeit rühren Sie das restliche Olivenöl und die halbe Menge Petersilie in die Suppe.

5 Verrühren Sie das Mehl mit dem Zitronensaft und rühren Sie diese Mehlschwitze in die Suppe, damit sie sämig wird. Nach Bedarf würzen Sie jetzt mit Pfeffer und Salz nach.

6 Die Revithosoupa richten Sie in einem tiefen Teller an. Geben Sie wenige Tropfen Olivenöl und etwas Petersilie auf die Suppe. Garnieren Sie den Teller mit einer Zitronenscheibe.

Tipp: Statt getrocknete Kichererbsen können Sie auch solche aus der Dose verwenden. Sie sparen sich dann die lange Einweichzeit von mindestens vier Stunden. In Griechenland wird ausschließlich die getrocknete Variante verwendet. Wenn Sie dem Einweichwasser etwas Backpulver zufügen, werden die Erbsen schön weich. Zu dieser Suppe können Sie ein ofenfrisches Brot servieren.

GIOUVARLAKIA

GRIECHISCHE HACKBÄLLCHENSUPPE

 5 Port.  30 Min.  Leicht

Zutaten

¼ Tasse runder Reis
1 Zwiebel
1 Ei
1 Bund Petersilie
Minze oder Dill
3 EL Öl
Salz und Pfeffer
Fleischbrühe
¼ Tasse Öl

Soße:
2 Eier
Saft von einer Zitrone
Je 1 Prise Salz und Pfeffer

Nährwerte p. P.

452 kcal
14 g Kohlenhydrate
34 g Fett
22 g Eiweiß

1 Zerkleinern Sie die Zwiebel und die Kräuter. Mischen Sie in einer Schüssel das Hack mit der Zwiebel und den Kräutern (Dill oder Minze).

2 Geben Sie ein Ei, den Reis und das Öl dazu und kneten Sie alles kräftig durch. Zum Schluss würzen Sie den Hackteig mit Salz und Pfeffer.

3 Formen Sie anschließend kleine Hackbällchen mit einem Durchmesser von etwa zwei bis drei Zentimetern. Für den Fall, dass die Bällchen zu nass geworden sind, können Sie sie in Semmelbröseln wälzen.

4 Füllen Sie jetzt einen Topf etwa zur Hälfte mit Fleischbrühe. Geben Sie Öl und Salz dazu und lassen die Flüssigkeit aufkochen.

5 Nach eigenem Geschmack können Sie Reis und etwas Suppengemüse hinzufügen, bevor Sie die Hackbällchen vorsichtig in die Brühe setzen. Nach etwa 20 Minuten sind sie gar.

6 In der Zwischenzeit bereiten Sie die Soße zu. Trennen Sie zunächst die Eigelbe vom Eiweiß und stellen einen Eischnee her. Geben Sie nach und nach die Eigelbe sowie den Saft der Zitrone hinzu.

7 Nun rühren Sie Löffel für Löffel vorsichtig etwas Brühe aus dem Topf dazu. Zum Schluss geben Sie diese Masse in den Topf mit den Fleischbällchen. Die Suppe darf jetzt nicht mehr kochen, damit das Ei nicht stockt.

8 Schmecken Sie die Soße mit Salz und Pfeffer ab.

Tipp: Sie können die Hackbällchen auch ohne Suppe servieren. Reichen Sie dann Baguette und einen Dip dazu. Statt mit der Zitronensuppe können Sie auch Tomatensoße zu den Hackbällchen servieren. Geben Sie dann Tomatenpüree in die Brühe und schmecken diese mit Sahne oder saurer Sahne ab.

GRIECHISCHE JOGHURTSUPPE (VEGETARISCH)

4 Port. 25 Min. Leicht

Zutaten

800 g griechischer Joghurt
2 Knoblauchzehen
400 g Salatgurke
4 EL Zitronensaft
Pfeffer und Salz
100 g Feta
2 Tomaten
4 EL Olivenöl
2 Stiele Pfefferminze

Nährwerte p. P.

370 kcal
10 g Kohlenhydrate
31 g Fett
10 g Eiweiß

1 Schälen und vierteln Sie den Knoblauch. Anschließend schälen Sie die Gurke und schneiden etwa ein Drittel ab. Diese halbieren Sie, entfernen die Kerne und stellen beides zur Seite. Die übrige Gurke schneiden Sie in grobe Würfel.

2 Nehmen Sie eine ausreichend große Schüssel zur Hand und füllen Sie die Gurkenwürfel, den Knoblauch, die Gurkenkerne und den Joghurt hinein. Pürieren Sie alles zu einer geschmeidigen Masse. Schmecken Sie das Gericht mit Pfeffer, Salz und dem Zitronensaft ab und stellen Sie es in den Kühlschrank.

3 Das eine Drittel der Gurke schneiden Sie in kleine Würfel. Bei den Tomaten entfernen Sie die Kerne und schneiden sie ebenfalls in kleine Würfel. Den Fetakäse mischen Sie zerbröselt unter die Gurken- und Tomatenwürfel. Würzen Sie nach Bedarf mit Pfeffer nach.

4 Zupfen Sie die Minzblätter ab und zerteilen Sie sie in grobe Stücke. Diese sowie die gerade hergestellte Gurkenmischung streuen Sie über die kalte Joghurtsuppe. Zum Schluss geben Sie ein paar Tropfen Olivenöl auf die Suppe.

GRIECHISCHE HÜHNERSUPPE

 12 Port.

 1 Std. 45 Min.

 Leicht

Zutaten

1200 g Poularde (Suppenhuhn)
2½ l Hühnerbrühe
Je 250 g Spargel, grün und weiß
1 Bund Suppengrün
2 Lorbeerblätter
1 TL Pfefferkörner, weiß
200 g Zuckerschoten
250 ml Sahne
4 EL gehackte Petersilie
4 EL Zitronensaft
150 g Reis
Je 1 Prise Salz, Pfeffer und Zucker
½ Zitronenschale in feine Streifen

Nährwerte p. P.

245 kcal
9 g Kohlenhydrate
13 g Fett
22 g Eiweiß

1 Richten Sie das Suppengrün zur Verarbeitung her und schneiden es in grobe Würfel.

2 Waschen Sie die Poularde und geben Sie sie mit dem Suppengrün, den Pfefferkörnern und den Lorbeerblättern in einen großen Topf.

3 Gießen Sie die Brühe auf und köcheln Sie die Zutaten für ca. eine Stunde bei mittlerer Hitze. Schöpfen Sie zwischendurch den sich bildenden Schaum ab. In der Zwischenzeit kochen Sie den Reis nach Packungsanweisung.

4 Säubern Sie die Zuckerschoten und schneiden Sie sie einmal quer durch. Schälen Sie den weißen Spargel komplett und den grünen Spargel im unteren Drittel. Entfernen Sie holzige Teile des Spargels. Anschließend zerkleinern Sie ihn in etwa zwei Zentimeter lange Stücke.

5 Nach der Kochzeit nehmen Sie die Poularde aus dem Sud und seihen die Brühe durch ein Sieb. Kochen Sie die Brühe bei starker Hitze auf und lassen Sie sie auf etwa 1700 ml einkochen.

6 Nehmen Sie die Haut des Suppenhuhnes ab und zerkleinern Sie das Fleisch. Geben Sie nun den weißen Spargel zur Brühe. Nach etwa vier Minuten fügen Sie den grünen Spargel und die Zuckerschoten hinzu. Kochen Sie die Brühe für weitere vier Minuten.

7 Geben Sie die Sahne, den Reis und das Hühnerfleisch in die Brühe und kochen Sie sie noch einmal kurz auf.

8 Schmecken Sie die Suppe mit Pfeffer und Salz, dem Zitronensaft sowie dem Zucker ab.

9 Zum Servieren streuen Sie die Petersilie und die in feine Streifen geschnittene Zitronenschale darüber.

Brote

LAGANA

GRIECHISCHES FLADENBROT MIT SESAM

2 Port. 2 Std. 40 Min. Mittel

Zutaten

Für den Teig:
500 g Mehl (Typ 550 oder 1050)
350 ml lauwarmes Wasser
1 Prise Zucker
12 g Salz
2 EL Olivenöl
10 g frische Hefe

Zum Bestreichen u. Bestreuen:
1 EL Zucker
2 EL lauwarmes Wasser
Sesamsamen

Nährwerte p. P.

1019 kcal
185 g Kohlenhydrate
18 g Fett
25 g Eiweiß

1 Geben Sie das Wasser, den Zucker und die Hefe in eine Rührschüssel und verrühren Sie die Zutaten miteinander. Anschließend stellen Sie die Schüssel für etwa 15 Minuten zum Quellen zur Seite.

2 Nach der Quellzeit fügen Sie Mehl, Öl und Salz hinzu und kneten den Teig mit einer Küchenmaschine oder einem Mixer vorerst auf der 1. Stufe für ca. drei Minuten, dann auf der 2. Stufe für ca. fünf Minuten. Wenn sich der Teig vom Rand der Schüssel löst, ist er ausreichend durchgeknetet.

3 Bestreichen Sie eine weitere Schüssel mit Öl und geben Sie den Teig hinein. Decken Sie ein Stück Frischhaltefolie darüber und stellen Sie den Teig für etwa 1,5 Stunden an einen warmen Ort. In der Zwischenzeit belegen Sie ein Blech mit Backpapier.

4 Nach der Quellzeit teilen Sie den Teig in zwei gleich große Hälften und rollen beide länglich zu einem Fladen aus. Platzieren Sie die Teige auf dem Backblech.

5 Verrühren Sie anschließend zwei Esslöffel Wasser mit dem Zucker und bestreichen Sie beide Brote mit der Flüssigkeit. Streuen Sie zum Schluss die Sesamsamen darüber.

6 Bedecken Sie das Blech mit den Teiglingen für 20 Minuten mit einem Geschirrtuch.

7 Während der Wartezeit heizen Sie den Backofen auf 220 ° C Ober- und Unterhitze vor.

8 Bevor Sie die Brote in den Ofen geben, drücken Sie mit einer Fingerspitze kleine "Kuhlen" hinein und träufeln etwas Olivenöl darüber.

9 Backen Sie die Brote in etwa 10 - 15 Minuten auf der mittleren Schiene fertig.

GEFÜLLTES BROT

5 Port.

2 Std.
10 Min.

Leicht

Zutaten

Für den Teig:
250 g Weizenmehl
250 g Roggenmehl (Typ 1150)
3 EL lauwarmes Wasser
1 TL Zucker
1 TL Salz
1 EL Olivenöl
1 Pck. Hefe
250 g Joghurt

Für die Füllung:
200 g Feta
1 Bund Estragon
75 g grüne Oliven
1 EL Olivenöl
4 Eier

Nährwerte p. P.

616 kcal
74 g Kohlenhydrate
23 g Fett
25 g Eiweiß

1 Geben Sie beide Sorten Mehl in eine Schüssel. Lösen Sie die Hefe im lauwarmen Wasser auf und mischen Sie sie mit Joghurt, Salz, Zucker und dem Öl und geben Sie alles zum Mehl. Verkneten Sie alle Zutaten zu einem Teig.

2 Anschließend stellen Sie die Schüssel zugedeckt für etwa eine Stunde an einen warmen Ort, damit der Teig aufgehen kann.

3 In der Zwischenzeit kochen Sie die Eier hart und schneiden sie nach dem Pellen in grobe Stücke. Nun entsteinen Sie die Oliven und zerteilen sie in kleine Stücke. Den Estragon hacken Sie nach dem Waschen ebenfalls in kleine Stücke.

4 Heizen Sie den Backofen auf 200 ° C Ober- und Unterhitze vor. Alternativ können Sie auch die Umluftfunktion mit 180 ° C nutzen. Belegen Sie ein Blech mit Backpapier.

5 Nach der Ruhezeit rollen Sie den Teig gleichmäßig aus und bröckeln den Fetakäse darüber. Verteilen Sie anschließend die Eier, die Oliven und den Estragon auf dem Teig.

6 Formen Sie nun eine Rolle aus dem Teig und fügen Sie ihn zu einem Kranz zusammen.

7 Backen Sie das Brot für 40 Minuten im Backofen. Bestreichen Sie es mit Olivenöl und backen Sie es für weitere zehn Minuten.

HORIATIKO PSOMI

GRIECHISCHES LANDBROT

1 Port.

3,5 Std.

Mittel

Zutaten

Für den Vorteig:
30 g Mehl (Typ 1050)
15 g frische Hefe
30 g lauwarmes Wasser

Für den Hauptteig:
470 g Mehl (Typ 1050)
10 g Milch (2 TL)
8 g Honig
8 g Olivenöl
8 g Salz
250 g lauwarmes Wasser

Nährwerte p. Brot

1806 kcal
342 g Kohlenhydrate
18 g Fett
63 g Eiweiß

1 Vermischen Sie alle Zutaten für den Vorteig und stellen Sie ihn abgedeckt für 20 Minuten zur Seite.

2 Nach der Ruhezeit geben Sie das übrige Mehl mit dem Salz, dem Olivenöl, der Milch und dem Honig dazu. Fügen Sie eine große Menge des Wassers bei und stellen Sie einen Teig her. Kneten Sie nach und nach das restliche Wasser unter den Teig.

3 Bereiten Sie eine bemehlte Arbeitsfläche vor, auf der Sie den Teig zu einer homogenen Masse verarbeiten können. Wenn der Teig zu klebrig sein sollte, geben Sie noch etwas Mehl dazu.

4 Ölen Sie die Innenseite einer weiteren Schüssel, geben Sie den Teig hinein und stellen Sie ihn für etwa zwei Stunden zugedeckt an einen warmen Ort. Der Teig sollte auf die doppelte Größe anwachsen.

5 Nach der Ruhezeit heizen Sie den Backofen auf 220 ° C Ober- und Unterhitze vor.

6 Kneten Sie den Teig noch einmal für fünf Minuten auf der bemehlten Arbeitsfläche durch und formen Sie anschließend einen runden Laib daraus.

7 Nehmen Sie einen hitzebeständigen Topf mit Deckel zur Hand und legen Sie den Teig hinein.

8 Backen Sie das Brot für 40 Minuten mit aufgelegtem Deckel im Backofen. Danach nehmen Sie den Deckel ab und backen es so lange weiter, bis es eine goldbraune Farbe angenommen hat.

9 Nach der Backzeit legen Sie das Brot zum Abkühlen auf ein Küchengitter.

GRIECHISCHES ZUPFBROT

14 Port.

2 Std.
45 Min.

Leicht

Zutaten

Für den Teig:
500 g Mehl (Typ 405)
21 g frische Hefe
200 ml lauwarmes Wasser
50 g Butter
1 TL Zucker
1 TL Salz
2 Eier

Für die Füllung:
100 g Butter
50 g Oliven
75 g getrocknete Tomaten in Öl
150 g Feta
2 Knoblauchzehen
50 g milde Peperoni
frische Kräuter nach Wunsch (z. B. Thymian oder Petersilie)
Salz und Pfeffer

Nährwerte p. P.

265 kcal
28 g Kohlenhydrate
14 g Fett
7 g Eiweiß

1 Geben Sie das Mehl in eine Rührschüssel und formen Sie in der Mitte eine Mulde. Dort hinein bröseln Sie die Hefe und fügen das lauwarme Wasser und den Zucker hinzu. Rühren Sie anschließend etwas Mehl aus dem Rand darunter und lassen Sie den Teig abgedeckt für etwa 15 Minuten ruhen.

2 Nun geben Sie die Butter, die Eier und das Salz dazu und verarbeiten die Zutaten zu einem Teig. Decken Sie diesen wiederum ab und stellen Sie ihn für eine Stunde an einen warmen Ort.

3 Währenddessen schälen Sie die Knoblauchzehen und hacken sie in kleine Stücke. Die von Ihnen ausgewählten Kräuter zupfen Sie ab und hacken sie ebenfalls klein. Vermischen Sie beide Zutaten mit der weichen Butter und schmecken Sie mit Salz und Pfeffer ab.

4 Schneiden Sie nun die Peperoni, die Oliven und die Tomaten in kleine Stücke. Anschließend heizen Sie den Backofen auf 180 ° C mit Umluft vor.

5 Nach der Ruhezeit kneten Sie den Teig abermals gut durch und rollen ihn auf einer mehligen Arbeitsfläche aus. Es sollte ein Rechteck von etwa 30 cm x 50 cm entstehen.

6 Streichen Sie die von Ihnen vorgefertigte Kräuterbutter auf den Teig und verteilen Sie das Gemüse und den zerbröselten Fetakäse darauf.

7 Nun schneiden Sie den Teig der Länge nach in vier gleich große Streifen. Streifen für Streifen falten Sie wie eine Ziehharmonika hochkant zusammen und platzieren sie in eine eingefettete Kastenform.

8 Backen Sie das Brot insgesamt für etwa 45 Minuten auf der untersten Schiene. Falls es zu dunkel werden sollte, decken Sie nach 30 Minuten Backzeit ein Stück Alufolie darüber.

GRIECHISCHES WEIßBROT

2 Port. 1,5 Std. Leicht

Zutaten

600 g Mehl (Typ 405)
15 g frische Hefe
100 ml lauwarmes Wasser
50 ml Olivenöl
210 ml lauwarme Milch
1 TL Zucker
1½ TL Salz
Sesam

Nährwerte p. Brot

1339 kcal
221 g Kohlenhydrate
33 g Fett
35 g Eiweiß

1 Mischen Sie das lauwarme Wasser und die Milch in einer Schüssel und geben Sie die Hefe und den Zucker dazu. Rühren Sie so lange, bis sich die Zutaten aufgelöst haben.

2 Anschließend geben Sie die restlichen Zutaten außer dem Sesam dazu und verkneten alles zu einem Teig. Decken Sie die Schüssel mit einem Geschirrtuch ab und stellen Sie sie für eine Stunde an einen warmen Ort.

3 Nach der Ruhezeit kneten Sie den Teig abermals durch und formen zwei längliche Brotlaibe daraus.

4 Platzieren Sie die Brote auf einem mit Backpapier ausgelegtem Blech, bestreichen Sie sie mit Wasser und streuen Sie den Sesam darüber. Nun schneiden Sie die Laibe mehrmals schräg ein.

5 Heizen Sie den Backofen auf 230 ° C Ober- und Unterhitze vor und backen Sie anschließend das Brot für etwa 20 bis 25 Minuten fertig.

6 Nach der Backzeit geben Sie die Brote zum Abkühlen auf ein Kuchengitter.

Vorspeisen

MARINIERTE OLIVEN (VEGETARISCH)

1 Port. 3 Tage Leicht

Zutaten

2 TL Fenchelsamen
2 TL Kreuzkümmelsamen
125 g schwarze Oliven, ohne Stein
125 g grüne Oliven, ohne Stein
1 Knoblauchzehe
125 ml Olivenöl
Je 2 TL abgeriebene Zitronen-, Limetten- und Orangenschale
3 EL Kräuter der Provence
125 ml Weißwein, trocken
Je 2 EL Zitronen-, Limetten- und Orangensaft

Nährwerte p. 100 g

331 kcal
4 g Kohlenhydrate
33 g Fett
2 g Eiweiß

1 Füllen Sie die Oliven in ein Küchensieb und lassen Sie sie gut abtropfen.

2 Rösten Sie in einer Pfanne die Kreuzkümmel- und Fenchelsamen an. Verwenden Sie für diesen Vorgang kein Fett. Wenn Sie einen appetitlichen Duft wahrnehmen, stellen Sie die Samen zum Abkühlen beiseite.

3 Reiben Sie von allen Zitrusfrüchten die Schale ab und pressen Sie sie aus. Schälen Sie den Knoblauch und hacken Sie ihn in feine Stücke.

4 Nehmen Sie ein ausreichend großes Glas mit einem abschraubbaren Verschluss zur Hand und füllen Sie alle Zutaten hinein. Füllen Sie zum Schluss den Weißwein und das Olivenöl dazu.

5 Stellen Sie das verschlossene Glas für zwei bis drei Tage zum Marinieren in den Kühlschrank.

6 Wenn Sie die marinierten Oliven servieren möchten, nehmen Sie sie aus der Flüssigkeit und lassen sie einige Zeit bei Raumtemperatur stehen.

SAGANAKI

GEBACKENER FETA

2 Port.

37 Min.

Leicht

Zutaten

150 g Butterschmalz (zum Braten)
400 g Feta (2 ganze Stücke)
Je 1 TL Thymian und Oregano
1 TL Olivenöl
4 TL Schafskäse-Gewürz

Zum Panieren:
50 g Paniermehl
2 Eier
50 g Mehl

Nährwerte p. P.

836 kcal
41 g Kohlenhydrate
55 g Fett
43 g Eiweiß

1 Nehmen Sie den Fetakäse aus der Packung und trocknen Sie ihn mit Küchenpapier ab.

2 Reiben Sie die Käsestücke mit Olivenöl ein. Würzen Sie anschließend den Käse mit dem Schafskäse-Gewürz, dem Thymian und dem Oregano von beiden Seiten.

3 Legen Sie den Fetakäse für zehn Minuten beiseite, damit die Gewürze einziehen können.

4 In der Zwischenzeit verquirlen Sie die Eier und bereiten zwei Teller mit Mehl und Paniermehl zum Panieren vor.

5 Wenden Sie den Käse erst im Mehl, dann im Ei und zum Schluss im Paniermehl.

6 Wenn Sie eine sehr knusprige Panade wünschen, wenden Sie den Käse ein zweites Mal im Ei und im Paniermehl.

7 Erhitzen Sie das Butterschmalz in einer ausreichend hohen Pfanne. Es sollte eine Temperatur von etwa 170 °C bekommen. Überprüfen Sie dies mit einem Einstichthermometer. Ist die Temperatur zu niedrig, schmilzt der Käse, bevor er eine goldbraune Farbe angenommen hat. Ist die Temperatur zu hoch, wird der Feta außen schwarz, bleibt aber innen zu fest.

8 Legen Sie die Käsestücke vorsichtig in das heiße Fett und frittieren Sie ihn von jeder Seite je vier bis sechs Minuten.

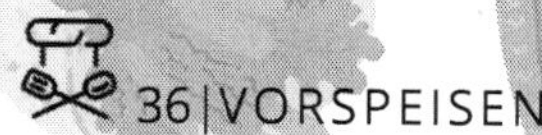

9 Anschließend legen Sie ihn zum Entfetten kurz auf ein Stück Küchenpapier und servieren ihn noch heiß.

Tipp: Der Saganaki ist eine traditionelle Vorspeise in Griechenland. Übersetzt bedeutet der Begriff „Kupferpfännchen", denn der Feta wird in einzelnen Pfännchen gebacken und auch darin serviert.
Achten Sie beim Kauf des Fetakäses darauf, dass dieser eine cremige Konsistenz hat. Die meisten angebotenen Feta sind eher bröckelig. Nehmen Sie einen, der einen hohen Anteil an Schafsmilch enthält.

PIPERIES FLORINIS

GEFÜLLTE PAPRIKA (VEGETARISCH)

6 Port.

50 Min.

Leicht

Zutaten

200 g Fetakäse
6 Stk. Spitzpaprika, rot
1 Prise schwarzer Pfeffer
1 EL Oregano
2 EL Olivenöl

Nährwerte p. P.

196 kcal
11 g Kohlenhydrate
12 g Fett
8 g Eiweiß

1 Heizen Sie den Backofen auf 200 ° C Umluft vor. Legen Sie eine Auflaufform mit Alufolie aus und bestreichen Sie sie mit etwas Olivenöl.

2 Entfernen Sie die Kerne und Stiele von den Paprikaschoten und waschen Sie sie anschließend. Die Paprika werden nicht zerkleinert, sie bleiben ganz.

3 Zerbröckeln Sie den Fetakäse und mischen Sie ihn mit dem Pfeffer, dem Oregano und dem Olivenöl. Füllen Sie die Masse in die Paprika, jedoch nicht bis ganz oben.

4 Garen Sie die gefüllten Paprikaschoten für etwa 40 Minuten im Backofen. Nach der halben Garzeit wenden Sie sie.

5 Achten Sie darauf, wann die Paprikahaut Blasen wirft oder schwarz wird, denn zu diesem Zeitpunkt sind sie fertig.

6 Die Schoten lassen Sie nun abkühlen und entfernen dann die Haut.

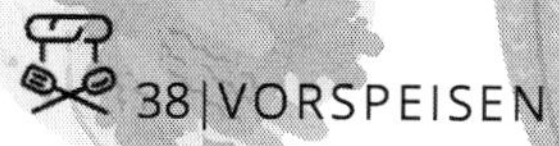

DOLMADES

GEFÜLLTE WEINBLÄTTER

4 Port. 1,5 Std. Mitte4l

Zutaten

250 g Weinblätter (Glas)
600 ml Gemüsebrühe
200 g Reis
50 g Pinienkerne
1 Zwiebel
2 EL Dill (getrocknet 1 TL)
2 EL Petersilie (getrocknet 1 TL)
2 EL Minze (getrocknet 1 TL)
3 EL Zitronensaft
7 EL Olivenöl
2 EL Rosinen
Je 1 Prise Salz und Pfeffer

Nährwerte p. P.

465 kcal
52 g Kohlenhydrate
25 g Fett
9 g Eiweiß

1 Gießen Sie die Weinblätter ab und legen Sie sie für 15 Minuten in kaltes Wasser. Anschließend trocknen Sie sie mit Küchenpapier ab.

2 Übergießen Sie den Reis mit kochendem Salzwasser und lassen Sie ihn für zehn Minuten ziehen. Danach gießen Sie den Reis ab.

3 Schälen und würfeln Sie die Zwiebel. Die Pinienkerne rösten Sie in einer Pfanne ohne Fett etwas an. Bei Verwendung von frischen Kräutern hacken Sie diese jetzt fein.

4 Mischen Sie den Reis mit einem Esslöffel Olivenöl, einem Esslöffel Zitronensaft, den Pinienkernen, den Rosinen und den Kräutern. Würzen Sie die Masse mit etwas Pfeffer und Salz.

5 Nehmen Sie einen Topf oder eine Schale mit etwa 26 cm Durchmesser und legen Sie das Gefäß mit acht Weinblättern aus.

6 Legen Sie auf einer Arbeitsfläche immer zwei Weinblätter mit der glatten Seite nach unten zeigend übereinander. Geben Sie einen Esslöffel der Füllung auf das breite Ende der Weinblätter. Nun schlagen Sie die langen Seiten nach innen und rollen die Blätter zur spitzen Seite auf. Sie sollten etwa 24 Weinblattrollen herstellen können.

7 Legen Sie die Röllchen so dicht wie möglich mit der Nahtstelle nach unten in den mit den Weinblättern ausgelegten Topf. Geben Sie anschließend sechs Esslöffel Olivenöl und zwei Esslöffel Zitronensaft darüber.

8 Gießen Sie die Gemüsebrühe über die Weinblätter und beschweren Sie das Ganze mit einem hitzebeständigen Teller.

9 Kochen Sie die Weinblätter einmal kurz auf. Anschließend köcheln Sie sie mit Deckel für etwa 45 Minuten bei mittlerer Hitze.

Tipp: Sie können die Weinblätter heiß als Beilage oder kalt als Snack servieren.

KOLOKYTHAKIA TIGANITA

FRITTIERTE ZUCCHINI (VEGETARISCH)

4 Port.

50 Min.

Leicht

Zutaten

Pflanzenöl (zum Frittieren)
2 Zucchini
1 EL Salz
½ TL Salz
200 ml Mineralwasser
90 g Mehl

Nährwerte p. P.

101 kcal
17 g Kohlenhydrate
2 g Fett
3 g Eiweiß

1 Waschen Sie die Zucchini und trocknen Sie sie anschließend ab. Anschließend schneiden Sie das Gemüse in dünne Scheiben und salzen es kräftig, um ihm das Wasser zu entziehen. Dies dauert etwa 20 Minuten.

2 Nach der Stehzeit gießen Sie das Wasser ab und spülen die Zucchinischeiben. Trocknen Sie sie mit einem Stück Küchenpapier ab.

3 Vermischen Sie in einer Rührschüssel das Mineralwasser mit dem Mehl und dem halben Teelöffel Salz zu einem homogenen Teig.

4 Erhitzen Sie reichlich Öl in einem ausreichend großen Topf. Nun tauchen Sie die Zucchinischeiben in den Teig und anschließend in das siedende Öl. Nehmen Sie am besten eine Gabel für diesen Vorgang.

5 Entfetten Sie die frittierten Zucchinischeiben auf Küchenpapier und salzen Sie sie etwas vor dem Servieren.

Hauptgerichte mit Fleisch & Geflügel

MOUSSAKA

GRIECHISCHER HACKAUFLAUF

4 Port.

1 Std.
10 Min.

Leicht

Zutaten

2 Auberginen
500 g Hackfleisch
500 g Kartoffeln
100 g Gouda
250 ml Béchamelsoße
2 Eier
1 Dose stückige Tomaten
100 ml Sonnenblumenöl
2 Knoblauchzehen
1 Zwiebel
3 EL Tomatenmark
3 EL Olivenöl
½ TL gemahlenen Kreuzkümmel
1 Prise Zimt
1 TL getrockneter Oregano
Je 1 Prise Salz und Pfeffer

Nährwerte p. P.

938 kcal
244 g Kohlenhydrate
76 g Fett
37 g Eiweiß

1 Säubern Sie die Kartoffeln und kochen Sie sie als Pellkartoffeln in Salzwasser gar. Waschen Sie die Auberginen und schneiden Sie Scheiben von etwa einem Zentimeter Breite daraus.

2 Verteilen Sie die Auberginenscheiben auf einem Blech und geben Sie reichlich Salz darüber. Stellen Sie das Blech für etwa 15 Minuten zur Seite.

3 Nach der Kochzeit pellen Sie die Kartoffeln und schneiden sie ebenfalls in einen Zentimeter breite Scheiben.

4 Die Auberginen tupfen Sie mit Küchenpapier ab und frittieren diese in dem Sonnenblumenöl bei mittlerer Hitze in einem Topf oder einer Pfanne. Anschließend entfetten Sie sie auf Küchenpapier. Den Knoblauch und die Zwiebel schälen Sie und zerteilen sie in kleine Würfel.

5 Braten Sie das Hackfleisch krümelig an und geben Sie die Zwiebel und den Knoblauch dazu. Das Tomatenmark rösten Sie kurz mit, bevor Sie alles mit Pfeffer, Salz, Kreuzkümmel, Zimt und Oregano abschmecken.

6 Fügen Sie nun die stückigen Tomaten hinzu und kochen Sie alles noch einmal auf. Heizen Sie den Backofen auf 200 ° C Ober- und Unterhitze oder auf 180 ° C Umluft vor.

7 Fetten Sie eine Auflaufform ein und geben Sie die Kartoffelscheiben hinein. Schichten Sie anschließend abwechselnd die Hacksoße und die Auberginenscheiben hinein. Die oberste Schicht bilden die Auberginen.

8 Raspeln Sie den Goudakäse und vermischen Sie ihn mit den Eiern und der Béchamelsoße. Verteilen Sie die Soße gleichmäßig in der Auflaufform.

9 Garen Sie das Moussaka auf der mittleren Schiene für etwa 35 bis 40 Minuten und lassen Sie es anschließend noch fünf Minuten ruhen.

GRIECHISCHE LAMMKOTELETTS

2 Port. 25 Min. Leicht

Zutaten

2 Lammkoteletts à 180 g
3 EL Öl
1 Prise Salz
½ TL Paprika, rosenscharf
2 EL Thymianblätter, gehackt (oder 2 TL getr. Thymian)
200 g Salatgurke
300 g Sahnejoghurt
1 Knoblauchzehe
1 Prise Pfeffer

Nährwerte p. P.

554 kcal
7 g Kohlenhydrate
46 g Fett
26 g Eiweiß

1 Vermischen Sie das Öl, das Paprikapulver, etwas Salz und den Thymian zu einer Marinade und bestreichen Sie die Koteletts damit. Stellen Sie das Fleisch für 15 Minuten zur Seite.

2 Rühren Sie den Joghurt zu einer glatten Masse. Schälen Sie die Knoblauchzehe und pressen Sie sie in den Joghurt.

3 Schälen Sie die Gurke und raspeln Sie sie in den Joghurt. Vermischen Sie alles zu einer cremigen Masse. Schmecken Sie das Tsatsiki mit Salz und Pfeffer ab.

4 Anschließend geben Sie die Lammkoteletts in eine erhitze Pfanne und braten sie von jeder Seite je ein bis zwei Minuten.

5 Richten Sie die Koteletts mit dem Tsatsiki auf einem Teller an.

STIFADO

GRIECHISCHER FLEISCHEINTOPF

4 Port.

1 Std. 40 Min.

Leicht

Zutaten

1 kg Rind (Schmorfleisch)
200 ml Wasser
150 ml Rotwein
25 g Butter
¼ Bund Petersilie
15 - 20 Schalotten
1 EL Tomatenmark
1 Stange Zimt
4 Lorbeerblätter
4 Nelken
8 Tomaten
½ TL Rosmarin
4 EL Olivenöl
100 ml Balsamico mit Honig
Je 1 Prise Salz und Pfeffer
etwas Oregano

Nährwerte p. P.

557 kcal
19 g Kohlenhydrate
32 g Fett
42 g Eiweiß

1 Zerteilen Sie das Fleisch in etwa sieben Zentimeter große Stücke. Häuten Sie die Tomaten und schneiden Sie sie in Würfel. Die Schalotten schälen sie. Diese werden **nicht** zerkleinert.

2 Erwärmen Sie das Olivenöl in einem Topf und geben Sie die Butter dazu. Braten Sie das Fleisch gut an.

3 Löschen Sie das angebratene Fleisch mit dem Rotwein ab und geben Sie die Tomaten, das Tomatenmark und die Schalotten dazu. Würzen Sie das Gericht mit Pfeffer und Salz.

4 Erhitzen Sie das Wasser in einem separaten Topf und geben Sie es anschließend zum Fleisch. Schmoren Sie alles mit Deckel für etwa eine Stunde bei mittlerer Hitze. Sollte die Flüssigkeit zu sehr einkochen, fügen Sie etwas heißes Wasser dazu.

5 Nach der Kochzeit geben Sie die Lorbeerblätter, die Nelken, die Zimtstange und den Rosmarin dazu und schmoren den Eintopf für weitere 30 Minuten. Das Fleisch sollte sehr mürbe werden und sich leicht zerdrücken lassen.

6 Gießen Sie zwischendurch den Balsamicoessig dazu und schmecken Sie mit dem Oregano, Pfeffer und Salz ab.

7 Zum Schluss streuen Sie die gehackte Petersilie auf den Eintopf.

Tipp: Bei dieser Speise handelt es sich um ein traditionelles, altes Hirtenessen, für das in der Regel Kaninchenfleisch verwendet wurde. Heute wird meist Rindfleisch, aber auch Lamm, Ziege, Geflügel oder Wild für das Stifado genommen.
Am nächsten Tag schmeckt der Eintopf um einiges besser, da die Zutaten dann gut durchgezogen sind. Als Beilage können Sie Brot, Nudeln, Reis, Kartoffeln oder sogenannte Hilopites (griechische, quadratische Eiernudeln) anbieten.

SOUVLAKI

GRIECHISCHE FLEISCHSPIESSE

12 Port.

2 Std. 45 Min.

Leicht

Zutaten

1 kg Schweinefleisch (ganzes Stück, Lachs oder Nacken)
8 EL Olivenöl
5 EL Souvlaki-Gewürz
1 Zitrone

Nährwerte p. P.

18 kcal
0 g Kohlenhydrate
1 g Fett
1 g Eiweiß

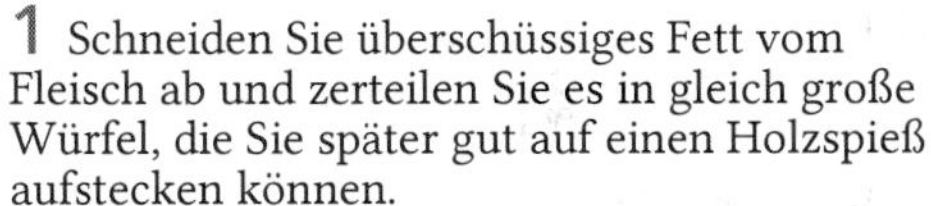

1 Schneiden Sie überschüssiges Fett vom Fleisch ab und zerteilen Sie es in gleich große Würfel, die Sie später gut auf einen Holzspieß aufstecken können.

2 Anschließend verrühren Sie das Souvlaki-Gewürz mit dem Saft der Zitrone und dem Olivenöl zu einer Marinade.

3 In einer ausreichend großen Schüssel mischen Sie die Fleischstücke und die Marinade zusammen. Stellen Sie sie zugedeckt für zwei Stunden in den Kühlschrank.

4 Etwa 15 Minuten bevor Sie die Spieße mit dem Fleisch bestücken wollen, legen Sie diese in kaltes Wasser ein.

5 Belegen Sie ein Blech mit Backpapier und legen Sie einen passenden Rost darüber.

6 Heizen Sie den Backofen auf 220 ° C Ober- und Unterhitze vor. Sie können auch die Grillfunktion verwenden, wenn Ihr Backofen über diese Einstellung verfügt. Beachten Sie aber, dass die Garzeit dann variieren kann.

7 Bestücken Sie nun die zwölf Holzspieße mit den Fleischwürfeln. Es sollten in etwa immer gleich viele Würfel auf den Spießen sein. Legen Sie die fertigen Spieße auf den Rost.

8 Platzieren Sie den Rost mit den Spießen im oberen Drittel des Backofens. Garen Sie die Spieße für zwölf Minuten und wenden Sie sie anschließend. Belassen Sie die Spieße für weitere zehn bis zwölf Minuten im Backofen.

Tipp: Traditionell werden Souvlaki auf dem Grill zubereitet. Wenn dieser nicht zur Verfügung steht, können Sie die Spieße, wie in diesem Rezept, sehr gut im Backofen zubereiten. Holzspieße eignen sich für Souvlaki besser als Edelstahlspieße. Damit sie nicht verkohlen, werden sie vor der Verwendung gewässert.
Sie können die Souvlaki auch direkt auf das Blech mit dem Backpapier legen und garen.
Wenn Sie mögen, können Sie zwischen den Fleischwürfeln Paprikastücke oder Zwiebelstücke platzieren. Marinieren Sie sie vor Gebrauch zusammen mit dem Fleisch.

GYROS

4 Port.

3 Std.
20 Min.

Leicht

Zutaten

600 g Filet/Schnitzel (Pute, Hähnchen, Schwein)
1 Zwiebel

Marinade:
2 gepresste Knoblauchzehen
1 TL Senf, scharf
1 EL Zitronensaft
100 ml Olivenöl
½ TL gemahlenen Kreuzkümmel
3 TL Paprikapulver, edelsüß
1 TL Salz
1 Prise Pfeffer, schwarz
Je 2 TL getrockneter Thymian und Oregano

Nährwerte p. P.

403 kcal
5 g Kohlenhydrate
27 g Fett
34 g Eiweiß

1 Schälen Sie die Zwiebel und schneiden Sie sie in Streifen. Das Fleisch schneiden Sie ebenfalls in Streifen.

2 Stellen Sie die Marinade her, indem Sie alle Zutaten miteinander vermischen.

3 Mischen Sie nun das Fleisch und die Zwiebel zur Marinade und stellen Sie die Schüssel zugedeckt für mindestens drei Stunden in den Kühlschrank. Damit der Geschmack besonders gut zur Geltung kommt, marinieren Sie das Fleisch über Nacht.

4 Etwa 20 Minuten vor der Zubereitung nehmen Sie das Gyros aus dem Kühlschrank und rühren es noch einmal gut durch.

5 Erhitzen Sie eine Pfanne ohne Zugabe von Fett und braten Sie das Fleisch in kleinen Portionen an. Stellen Sie diese zum Warmhalten in den Backofen (60 ° C). Wenn zu viel Fleisch in der Pfanne ist, kommt es zum Köcheln und wird trocken.

Tipp: Den Kreuzkümmel können Sie auch weglassen, wenn Sie diesen nicht mögen. Bei Verwendung eines Teelöffels kommt der Geschmack gut zur Geltung. Nehmen Sie nur ½ Teelöffel Kreuzkümmel, so ist der Geschmack nicht so dominant.

GRIECHISCHE HÄHNCHENPFANNE

4 Port.

1,5 Std.

Leicht

Zutaten

1 kg Kartoffeln
1 Glas feine Bohnen
200 g Feta
1 Zweig Rosmarin
4 Hähnchenschenkel
2 Knoblauchzehen
2 Zwiebeln
5 EL Olivenöl
Je 1 Prise Salz, Pfeffer und Paprikapulver, rosenscharf

Nährwerte p. P.

844 kcal
50 g Kohlenhydrate
45 g Fett
54 g Eiweiß

1 Schälen und würfeln Sie die Kartoffeln. Schälen Sie die Zwiebeln und schneiden Sie sie in Ringe. Hacken Sie die Nadeln des Rosmarins. Vermischen Sie die Zutaten mit dem Olivenöl und dem gepressten Knoblauch.

2 Würzen Sie gut mit dem Pfeffer und dem Salz und stellen Sie die Schüssel für eine Stunde zum Ziehen beiseite.

3 Würzen Sie die Hähnchenschenkel mit Pfeffer, Salz und Paprikapulver und legen Sie sie auf ein eingefettetes Backblech.

4 Heizen Sie den Backofen auf 200 ° C Umluft vor. Backen Sie die Hähnchenschenkel für 30 Minuten. Wenden Sie sie zwischendurch.

5 Nach der Backzeit geben Sie die Kartoffelmischung dazu. Verteilen Sie alles um die Hähnchenschenkel. Backen Sie alles für weitere 20 Minuten.

6 Geben Sie nun den gewürfelten Feta und die Bohnen dazu und backen Sie die Zutaten noch einmal für zehn Minuten.

Tipp: Sie können zu diesem Gericht Salat oder Brot servieren.

GIOUVETSI MIT LAMM

GRIECHISCHES SCHMORFLEISCH

4 Port. 2 Std. Mittel

Zutaten

500 ml Rinderbrühe
150 ml Rotwein
1 kg Lammkeule (ohne Knochen)
400 g stückige Tomaten
2 Möhren
2 EL Tomatenmark
4 EL Olivenöl
2 Zwiebeln
2 EL Honig
1 Zimtstange
2 Lorbeerblätter
1 TL Meersalz
1 Prise Pfeffer
Thymian, Petersilie
250 g Kritharaki
250 ml Wasser
Fetakäse nach Bedarf

Nährwerte p. P.

636 kcal
48 g Kohlenhydrate
20 g Fett
58 g Eiweiß

1 Schälen und würfeln Sie die Zwiebeln. Waschen Sie die Möhren und schneiden Sie sie in Würfel.

2 Zerteilen Sie das Fleisch in zwei bis drei Zentimeter große Würfel. Braten Sie das Fleisch im Olivenöl scharf an und geben Sie dann die Zwiebeln und den Honig dazu. Dünsten Sie die Zutaten bei mittlerer Hitze glasig.

3 Anschließend geben Sie die Möhren und das Tomatenmark hinzu. Braten Sie es für etwa eine Minute an.

4 Löschen Sie alles mit dem Rotwein ab und lassen Sie ihn einköcheln. Geben Sie dann die Brühe und die stückigen Tomaten dazu.

5 Nun fügen Sie die Zimtstange, die Lorbeerblätter, etwas Salz und Pfeffer dazu und schmoren das Gericht mit Deckel für mindestens eine Stunde bei mittlerer Hitze.

6 Heizen Sie nach etwa 45 Minuten Kochzeit den Backofen auf 180 ° C Ober- und Unterhitze vor.

7 Nehmen Sie die Lorbeerblätter und die Zimtstange aus der Flüssigkeit heraus.

8 Erhitzen Sie in einer Pfanne einen Esslöffel Olivenöl und geben Sie die Reisnudeln (Kritharaki) dazu. Braten Sie sie für zwei bis drei Minuten an, damit sie später in der Soße nicht verklumpen oder zu weich werden.

9 Geben Sie alle Zutaten (Fleisch und die Reisnudeln) in eine ofenfeste Form und vermischen Sie alles gut miteinander. Gießen Sie 250 ml Wasser dazu und decken Sie ein Stück Alufolie über die Form.

10 Garen Sie die Speise für etwa 30 Minuten im Backofen. Nach der Garzeit nehmen Sie die Alufolie ab und lassen das Gericht für zehn Minuten ruhen.

11 Hacken Sie die Petersilie in grobe Stücke und streuen Sie sie mit dem Thymian über das Fleisch. Wenn Sie mögen, können Sie Fetakäse dazu reichen.

PASTITSIO

GRIECHISCHER MAKKARONI AUFLAUF

6 Port. 1 Std. Leicht

Zutaten

500 g gemischtes Hackfleisch
2 Zwiebeln
1 Tasse passierte Tomaten
4 EL Öl
1 Lorbeerblatt
500 g Makkaroni
2 Tomaten
½ Bund gehackte Petersilie
Je 1 Prise Salz und Pfeffer

Für die Béchamelsoße:
4 Tassen warme Milch
1 Tasse Öl
3 Eier
1 Tasse Mehl
Je 1 Prise Salz und Pfeffer
1 Prise Muskatnuss
150 g geriebener Käse
1 Handvoll geriebener Käse zum Bestreuen

Nährwerte p. P.

220 kcal
3 g Kohlenhydrate
15 g Fett
18 g Eiweiß

1 Schälen Sie die Zwiebeln und schneiden Sie sie in kleine Würfel. Rösten Sie sie in etwas Öl an, bis sie eine goldbraune Farbe angenommen haben. Geben Sie das Hackfleisch dazu und braten Sie es ebenfalls an.

2 Anschließend fügen Sie die passierten Tomaten, die in Stücke geschnittenen Tomaten, die Petersilie, das Lorbeerblatt, Pfeffer und Salz sowie ein wenig Wasser hinzu. Schmoren Sie die Hackfleischmischung für ca. eine halbe Stunde.

3 In der Zwischenzeit kochen Sie die Makkaroni, bis sie halb gar sind.

4 Bereiten Sie nun die Béchamelsoße zu. Dafür verquirlen Sie zunächst die Eier.

5 Erhitzen Sie etwas Öl in einem Topf und fügen Sie nach und nach unter Rühren das Mehl hinzu. Achten Sie darauf, dass sich keine Klumpen bilden. Anschließend geben Sie ebenfalls nach und nach die warme Milch hinzu. Rühren Sie auch bei diesem Schritt ständig um, damit die Soße nicht klumpt.

6 Entfernen Sie den Topf von der Kochstelle und fügen Sie vorsichtig die Eier, den Pfeffer, das Salz, die Muskatnuss und den Käse dazu. Rühren Sie die Soße stetig um.

7 Sollte Ihnen die Creme zu dickflüssig erscheinen, geben Sie noch etwas Milch dazu.

8 Heizen Sie den Backofen auf 200 ° C Umluft vor.

9 Füllen Sie die halb fertigen Makkaroni in eine Auflaufform und verteilen Sie die Hackfleischmasse darüber. Anschließend gießen Sie die Béchamelsoße über die Speise und streuen etwas geriebenen Käse darüber.

10 Garen Sie den Auflauf für etwa 20 Minuten im Backofen.

BIFTEKI

GRIECHISCHE FRIKADELLEN

4 Port. 35 Min. Leicht

Zutaten

600 g Rinderhack
2 Knoblauchzehen
2 Zwiebeln
2 Eier
2 Stiele frische Petersilie
100 g Fetakäse
2 EL Öl zum Braten
2 TL getrockneter Oregano
2 EL Paniermehl
Je 1 Prise Salz und Pfeffer

Nährwerte p. P.

500 kcal
6 g Kohlenhydrate
36 g Fett
39 g Eiweiß

1 Schälen Sie die Zwiebeln und den Knoblauch. Schneiden Sie diese in kleine Würfel. Waschen Sie die Petersilie und hacken Sie sie in kleine Stücke.

2 Füllen Sie das Hackfleisch in eine Schüssel und geben Sie die Eier, die Zwiebeln, den Knoblauch, die Petersilie, Salz, Pfeffer und das Paniermehl dazu. Vermischen Sie alles zu einem geschmeidigen Teig.

3 Teilen Sie die Hackfleischmasse in vier gleich große Teile auf und formen Sie daraus ovale Frikadellen. Teilen Sie den Fetakäse ebenfalls in vier gleich große Streifen.

4 In die Mitte der Frikadellen drücken Sie einen länglichen Spalt und legen die Fetastreifen hinein. Umschließen Sie den Käse mit dem Hack.

5 Geben Sie das Öl in eine Pfanne und braten Sie die Bifteki bei mittlerer Hitze für sechs bis sieben Minuten je Seite.

Tipp: Zum Braten können Sie auch eine Grillpfanne verwenden.

Sie können zu den Bifteki Salat, Tsatsiki und Reis servieren.

SOUTZOUKAKIA

GRIECHISCHE FLEISCHBÄLLCHEN

6 Port.

1 Std. 5 Min.

Leicht

Zutaten

2 alte Brötchen
2 Knoblauchzehen
2 Eier
1 kg Rinderhackfleisch
4 TL Salz
2 TL Kümmel
2 TL Pfeffer

Für die Tomatensoße:
2 Zwiebeln
1 TL Zimtpulver
4 TL getrockneter Oregano
1600 g Tomaten aus der Dose
2 Pimentkörner
Salz und Pfeffer nach Belieben
Olivenöl nach Belieben
1 Prise Zucker

Nährwerte p. P.

91 kcal
2 g Kohlenhydrate
6 g Fett
9 g Eiweiß

1 Pürieren Sie die Tomaten mit einem Pürierstab. Verarbeiten Sie die Pimentkörner mit einem Mörser oder einem Esslöffel zu Pulver.

2 Schälen Sie die Zwiebeln und schneiden Sie sie in kleine Würfel. Braten Sie die Zwiebeln mit etwas Olivenöl an. Löschen Sie die Zwiebeln mit den pürierten Tomaten ab.

3 Anschließend geben Sie das Pimentpulver, das Zimtpulver, den Oregano, das Salz und den Pfeffer sowie den Zucker dazu.

4 Köcheln Sie die Soße für 20 Minuten bei mittlerer Hitze. Stellen Sie sie nach der Kochzeit warm.

5 Mischen Sie das Hackfleisch mit den alten, in Milch eingeweichten Brötchen, den Eiern, den zerdrückten Knoblauchzehen, dem Kümmel, dem Salz und dem Pfeffer.

6 Formen Sie aus dem Hackfleisch längliche Teilchen und braten Sie sie in einer Pfanne mit Olivenöl an. Anschließend geben Sie die Hackteilchen zur heißen Soße und lassen sie darin garziehen.

Tipp: Als Beilage können Sie Salat und Reis servieren.

Hauptgerichte mit Fisch & Meeresfrüchten

ROTBARBEN MIT ZITRONE

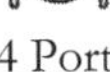

4 Port. 15 Min. Leicht

Zutaten

100 g Oliven, schwarz
3 EL Olivenöl
1 Zitrone
8 Rotbarben-Filet, ca. 60 g /Stück, mit Haut
2 Knoblauchzehen
1 Prise Meersalz

Nährwerte p. P.

270 kcal
1 g Kohlenhydrate
19 g Fett
22 g Eiweiß

1 Waschen Sie den Fisch und tupfen Sie ihn mit einem Stück Küchenpapier trocken.

2 Braten Sie das Fischfilet in zwei Esslöffeln Olivenöl mit der Hautseite nach unten an. Anschließend geben Sie den zerdrückten Knoblauch dazu.

3 Wenden Sie nun vorsichtig den Fisch und braten Sie ihn für weitere zwei Minuten. Würzen Sie ihn mit dem Meersalz.

4 Spülen Sie die Zitrone heiß ab und trocknen Sie sie ab. Schneiden Sie die Zitrone in Spalten, Scheiben oder kleine Stücke.

5 Richten Sie die Rotbarben-Filets auf einer Platte an und garnieren Sie sie mit den Zitronenscheiben und den Oliven.

6 Zum Abschluss träufeln Sie noch das restliche Olivenöl darüber.

Tipp: Reichen Sie einen Salat oder ein kräftiges Bauernbrot dazu.

GRIECHISCHER FISCH

 4 Port.

 30 Min.

 Leicht

Zutaten

4 Fischfilets (z. B. Goldbarsch, à 150–200 g)
5 EL Olivenöl
1 Zitrone (abgeriebene Schale)
2 Knoblauchzehen
2 Zwiebeln
50 g Butter
2 Tomaten
Je 1 Prise Salz und Pfeffer

Nährwerte p. P.

332 kcal
5 g Kohlenhydrate
31 g Fett
8 g Eiweiß

1 Schälen Sie die Zwiebeln und den Knoblauch und hacken Sie diese in feine Stücke. Dünsten Sie beides im Olivenöl glasig.

2 Fetten Sie eine Auflaufform mit Butter ein und legen Sie den Fisch nebeneinander hinein.

3 Würzen Sie ihn mit Pfeffer und Salz und geben Sie die glasigen Zwiebeln mit dem Knoblauch und dem in der Pfanne befindlichen Olivenöl dazu.

4 Entfernen Sie die Haut von den Tomaten und schneiden Sie diese in Scheiben. Anschließend legen Sie die Tomatenscheiben auf die Fischfilets.

5 Streuen Sie die abgeriebene Zitronenschale darüber und verteilen Sie die übrig gebliebene Butter in kleinen Flöckchen auf der Speise.

6 Heizen Sie den Backofen auf 200 ° C Umluft vor. Garen Sie den Fisch für etwa 25 Minuten.

Tipp: Sie können mit diesem Rezept hervorragend experimentieren. Probieren Sie zum Beispiel unterschiedliche Sorten Fisch aus oder nehmen Sie zusätzliche Zutaten wie Fetakäse oder verschiedene Kräuter.
Reichen Sie als Beilage griechischen Reis, Salat oder frisch gebackenes Brot.

BAKALIAROS PLAKI

KABELJAUFILETS AUS DEM OFEN

4 Port. 2 Std. Leicht

Zutaten

5 große Kartoffeln, festkochend
1 Dose stückige Tomaten
1 TL Petersilie, getrocknet
3 - 4 Knoblauchzehen
4 Kabeljaufilets (TK-Ware, 600 - 650 g insgesamt)
2 große Gemüsezwiebeln
Je 1 Prise Salz und Pfeffer
Olivenöl

Nährwerte p. P.

345 kcal
33 g Kohlenhydrate
6 g Fett
39 g Eiweiß

1 Heizen Sie den Backofen auf 160 ° C Umluft vor. In der Zwischenzeit schälen Sie die Kartoffeln und schneiden sie in nicht zu dünne Scheiben.

2 Anschließend schälen Sie die Zwiebeln und schneiden sie in dünne Ringe. Die Knoblauchzehen befreien Sie von der Schale.

3 Bestreichen Sie eine Auflaufform mit reichlich Olivenöl. Schichten Sie die Kartoffelscheiben hinein. Diese dürfen gerne übereinander liegen.

4 Stecken Sie die ganzen Knoblauchzehen zwischen die Kartoffelscheiben. Nun legen Sie die gefrorenen Kabeljaufilets über die Kartoffeln.

5 Verteilen Sie die Zwiebelringe über die Filets. Sie sollten von den Zwiebeln bedeckt sein.

6 Gießen Sie die stückigen Tomaten darüber und würzen Sie alles mit der Petersilie, dem Pfeffer und dem Salz.

7 Zum Schluss geben Sie zwei bis drei Schuss Olivenöl über die Speise. Garen Sie den Fisch auf der unteren Schiene für ca. 105 Minuten (1¾ Stunde).

GRIECHISCHE GOLDBRASSE

4 Port.

30 Min.

Leicht

Zutaten

200 g Fetakäse
1 Dose Pizzatomaten (400 g)
½ Bund Rosmarin
4 Goldbrassen (ganz, entschuppt und ausgenommen)
3 Frühlingszwiebeln
1 Zitrone
4 EL Parmesankäse
100 g Oliven, schwarz ohne Stein
4 EL Olivenöl
Je 1 Prise Salz, Pfeffer und Zucker

Nährwerte p. P.

562 kcal
7 g Kohlenhydrate
35 g Fett
54 g Eiweiß

1 Heizen Sie den Backofen auf 200 ° C Umluft vor.

2 Waschen Sie die Fische und trocknen Sie sie ab. Die Zitrone waschen Sie ebenfalls ab und reiben anschließend die Schale ab. Die restliche Zitrone schneiden Sie in Scheiben.

3 Waschen und trocknen Sie den Rosmarin; die Oliven schneiden Sie jeweils in zwei Hälften. Die Frühlingszwiebeln schneiden Sie nach dem Säubern in etwa drei Zentimeter lange Stücke.

4 Füllen Sie in jede Goldbrasse jeweils zwei Zweige Rosmarin und zwei bis drei Scheiben der Zitrone.

5 Geben Sie die Pizzatomaten in eine Schüssel und mischen Sie die Frühlingszwiebeln, den Pfeffer, das Salz, den Zucker und die geriebene Zitronenschale sowie den Parmesankäse dazu.

6 Bestreichen Sie ein Backblech mit Olivenöl und legen Sie die Fische darauf. Verteilen Sie nun gleichmäßig die Tomatenmischung über die Brassen und streuen Sie die halbierten Oliven und den zerbröckelten Fetakäse darüber.

7 Garen Sie den Fisch für etwa 20 Minuten im Backofen.

Tipp: Richten Sie den Fisch auf einem vorgewärmten Teller an und reichen Sie als Beilage Brot, Salat oder griechischen Reis.

GRIECHISCHE FISCHPFANNE

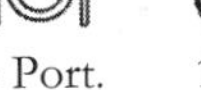

4 Port. 1 Std. Leicht

Zutaten

100 g Cherrytomaten
2 Zwiebeln
2 EL Zitronensaft
20 g Pflanzenöl
500 g Fischfilet (Pangasius oder Rotbarsch)
1 Knoblauchzehe
Je 1 Prise Salz und Pfeffer
etwas gehackte Kräuter

Nährwerte p. P.

208 kcal
4 g Kohlenhydrate
10 g Fett
25 g Eiweiß

1 Waschen Sie die Fischfilets und trocknen Sie sie ab. Schneiden Sie den Fisch in mundgerechte Stücke.

2 Würzen Sie die Fischstücke mit Salz und Pfeffer. Träufeln Sie den Zitronensaft darüber und lassen Sie die Zutaten ziehen.

3 In der Zwischenzeit schälen Sie die Zwiebeln und den Knoblauch. Schneiden Sie die Zwiebeln in Ringe und hacken Sie den Knoblauch in feine Stücke. Waschen Sie die Tomaten ab und schneiden Sie sie jeweils in zwei Hälften.

4 Erhitzen Sie jetzt das Öl in einer ausreichend großen Pfanne und geben Sie die Zwiebeln und den Knoblauch hinein. Braten Sie beides an, bis eine goldbraune Farbe entstanden ist.

5 Fügen Sie nun die Fischstücke und die Tomaten hinzu. Dünsten Sie das Gericht mit Deckel für etwa 30 bis 40 Minuten.

Tipp: Reichen Sie zur Fischpfanne Reis oder Kartoffeln mit einem griechischen Salat.

SPAGHETTI MARINARA

SPAGHETTI MIT MEERESFRÜCHTEN

4 Port.

45 Min.

Leicht

Zutaten

300 g Garnelen
200 g Tintenfisch
300 g Venusmuscheln, Austern und Miesmuscheln
3 EL Petersilie
1 kg Spaghetti
½ Tasse Weißwein
½ Tasse Olivenöl
1 gehackte Peperoni
Je 1 Prise Salz und Pfeffer

Nährwerte p. P.

108 kcal
21 g Kohlenhydrate
1 g Fett
4 g Eiweiß

1 Zunächst waschen Sie alle Muscheln und legen sie anschließend in kaltes Wasser. Schneiden Sie die Tintenfische nach dem Waschen in Ringe.

2 Erhitzen Sie die Hälfte des Olivenöls in einer Pfanne und braten Sie die Muscheln darin an.

3 Geben Sie die zweite Hälfte des Olivenöls in eine andere Pfanne und fügen Sie die Peperoni, den Knoblauch und den Tintenfisch hinzu. Würzen Sie mit Pfeffer und Salz und gießen Sie den Weißwein auf.

4 Bei mittlerer Hitze lassen Sie die Tintenfischmischung für zehn Minuten köcheln. Nach der Kochzeit geben Sie die Petersilie hinein.

5 Nun fügen Sie die Garnelen und die angebratenen Muscheln hinzu und kochen das Gericht für weitere zehn Minuten.

6 Währenddessen kochen Sie die Spaghetti nach Packungsanweisung. Anschließend geben Sie die fertigen Spaghetti in die Muschelpfanne.

Vegetarische Hauptgerichte

FETAKÄSE MIT ZUCCHINI UND FEIGEN

4 Port.

30 Min.

Leicht

Zutaten

1 Zucchini
6 frische Feigen
200 g Feta (ganzes Stück)
½ Zitrone
1 EL Fenchelsaat
2 Knoblauchzehen
2 Lorbeerblätter
1 kleine rote Pfefferschote
4 EL Olivenöl
4 Stiele Minze
2 EL Honig

Nährwerte p. P.

338 kcal
21 g Kohlenhydrate
20 g Fett
10 g Eiweiß

1 Waschen Sie die Zucchini, die Pfefferschote und die Feigen. Die Zitrone spülen Sie mit heißem Wasser ab und trocknen sie anschließend.

2 Halbieren Sie die Feigen in der Länge. Die Zucchini schneiden Sie in kleine Stücke. Die Pfefferschote schneiden Sie in feine Ringe und die Zitrone in Spalten.

3 Legen Sie alle Zutaten in eine passende Auflaufform. Geben Sie die Lorbeerblätter und den leicht zerdrückten Knoblauch dazu.

4 Obenauf legen Sie das Stück Fetakäse und streuen etwas Fenchelsaat darüber. Anschließend beträufeln Sie alles mit dem Olivenöl und dem Honig.

5 Heizen Sie den Backofen auf 220 ° C Ober- und Unterhitze oder auf 200 ° C Umluft vor.

6 Schieben Sie die Auflaufform auf die zweite Schiene von unten in den Ofen und garen Sie das Gericht für etwa 20 Minuten.

7 Nehmen Sie die Speise aus dem Backofen, wenn der Käse leicht gebräunt ist. Richten Sie den Auflauf mit Minzblättern an.

Tipp: Sie können diese Speise mit Baguette als Hauptgericht servieren oder als Beilage zu einer anderen Hauptspeise reichen.

SPINATAUFLAUF MIT YUFKA

4 Port. | 1 Std. 10 Min. | Leicht

Zutaten

600 g Blattspinat (TK)
400 g Feta
250 g Yufka-Teig
100 g saure Sahne
75 g Butter
1 Bund Lauchzwiebeln
2 Knoblauchzehen
3 Schalotten
2 EL Olivenöl
1 Ei
2 Bund Dill
Je 1 Prise Salz, Pfeffer und Muskatnuss

Nährwerte p. P.

760 kcal
42 g Kohlenhydrate
53 g Fett
28 g Eiweiß

1 Schälen und zerkleinern Sie die Schalotten und den Knoblauch. Dünsten Sie die Schalotten und den Knoblauch im Olivenöl glasig an und fügen Sie anschließend den Spinat hinzu. Im geschlossenen Topf lassen Sie den Spinat bei kleiner Hitze langsam auftauen. Er sollte nicht zum Kochen kommen.

2 Füllen Sie den Spinat in ein Küchensieb und lassen Sie ihn abtropfen. Hacken Sie den Dill in feine Stücke. Die Lauchzwiebeln schneiden Sie in feine Ringe. Geben Sie beide Zutaten zum Spinat und würzen Sie vorsichtig mit etwas Salz, Muskat und Pfeffer.

3 Heizen Sie den Backofen auf 180 ° C Ober- und Unterhitze oder auf 160 ° C Umluft vor und streichen Sie eine Auflaufform mit der erhitzten Butter ein.

4 Passen Sie zwölf Yufka-Teig-Blätter der Größe Ihrer Auflaufform an und bestreichen Sie jedes einzelne Blatt mit flüssiger Butter.

5 Legen Sie anschließend zwei Teigblätter übereinander in die Form und geben Sie etwa des Spinatgemüses und ⅓ des zerbröckelten Fetakäses auf den Teig. Platzieren Sie zwei weitere Teigblätter auf das Spinatgemüse und geben Sie wiederum das Gemüse und den Feta darauf. Wiederholen Sie diesen Schritt, bis der Spinat und der Feta aufgebraucht sind.

6 Legen Sie zum Abschluss die restlichen vier Teigblätter auf den Spinat und verstreichen Sie die restliche Butter darauf.

7 Verquirlen Sie das Ei und mischen Sie die saure Sahne dazu. Verteilen Sie die Masse auf den Teigblättern.

8 Backen Sie den Auflauf für etwa 40 Minuten, bis er eine goldbraune Farbe angenommen hat.

GRIECHISCHER GEMÜSEAUFLAUF

6 Port.

1 Std.
15 Min.

Leicht

Zutaten

200 g Tomaten
300 g Auberginen
350 g Kartoffeln, festkochend
500 ml Milch
1 EL Butter
300 g Zucchini
2 Knoblauchzehen
100 g geriebener Käse
3 Zweige Thymian
1 EL Mehl
1 TL Olivenöl
Je 1 Prise Salz, Pfeffer und Muskatnuss

Nährwerte p. P.

202 kcal
17 g Kohlenhydrate
10 g Fett
10 g Eiweiß

1 Waschen Sie die Zucchini und schneiden Sie sie in zwei Hälften. Eine Hälfte schneiden Sie in dünne Scheiben, die andere Hälfte in Würfel.

2 Waschen Sie die Aubergine und schneiden Sie sie in Würfel. Spülen Sie den Thymian ab und trocknen Sie ihn anschließend. Streifen Sie die Blätter des Thymians ab.

3 Waschen Sie die Tomaten und entfernen Sie die Stielansätze. Schneiden Sie die Tomaten in Scheiben. Befreien Sie den Knoblauch von seiner Schale. Schälen und waschen Sie die Kartoffeln und hobeln Sie dünne Scheiben daraus.

4 Geben Sie die Butter in einen Topf und lassen Sie sie schmelzen. Pressen Sie die Knoblauchzehen dazu.

5 Anschließend streuen Sie das Mehl darüber. Dünsten Sie die Zutaten leicht an, bevor Sie die Milch zugeben. Rühren Sie dabei kräftig um, damit keine Klumpen entstehen.

6 Köcheln Sie die Soße einige Minuten und würzen Sie dann mit Pfeffer, Salz, Muskat und Thymian.

7 Heizen Sie den Backofen auf 200 ° C Ober- und Unterhitze oder 180 ° C Umluft vor. Bestreichen Sie eine Auflaufform mit Olivenöl.

8 Mischen Sie die Kartoffeln, die Zucchini- und die Auberginenwürfel zusammen und füllen Sie alles in die Auflaufform.

9 Gießen Sie die Soße über das Gemüse und verteilen Sie anschließend die Tomatenscheiben und die Zucchinischeiben darauf.

10 Zum Schluss bestreuen Sie den Auflauf mit dem geriebenen Käse. Backen Sie den Auflauf für 30 Minuten.

GRIECHISCHER KARTOFFELTOPF

4 Port.

30 Min.

Leicht

Zutaten

800 g Kartoffeln, festkochend
250 g Tomaten
200 g Feta
250 g Zucchini
1 Gemüsezwiebel
150 g Schmand
3 EL Öl
100 g Sahne
1 Bund Petersilie
2 TL Salz
1 Prise Pfeffer
Oregano

Nährwerte p. P.

476 kcal
32 g Kohlenhydrate
32 g Fett
15 g Eiweiß

1 Spülen Sie die Petersilie ab und hacken Sie sie in feine Stücke. Mischen Sie das Salz, den Pfeffer und den Oregano unter die gehackte Petersilie.

2 Schälen Sie die Kartoffeln und schneiden Sie sie in dünne Scheiben. Waschen Sie die Zucchini und schneiden Sie sie in Scheiben. Schälen Sie die Zwiebel und schneiden Sie sie in kleine Würfel.

3 Übergießen Sie die Tomaten mit kochendem Wasser und ziehen Sie die Haut ab. Entfernen Sie die Kerne und die Stielansätze und vierteln Sie die Tomaten.

4 Erhitzen Sie das Öl in einem ausreichend großen Topf und braten Sie die Kartoffelscheiben darin an.

5 Streuen Sie etwas von der Kräuter-Gewürzmischung darüber und schmoren Sie die Kartoffeln bei kleiner Hitze.

6 Geben Sie anschließend die Zwiebeln zu den Kartoffeln und würzen Sie etwas nach.

7 Fügen Sie nun die Zucchini dazu und würzen Sie wieder mit der Kräutermischung nach.

8 Verteilen Sie die Tomatenviertel auf dem Gemüse und garen Sie den Kartoffeltopf für etwa 20 Minuten.

9 In der Zwischenzeit vermischen Sie den Käse mit der Sahne und dem Schmand und geben die Mischung auf das Gemüse.

10 Schmoren Sie die Speise für weitere fünf bis zehn Minuten.

GRIECHISCHE REISPFANNE

3 Port. 45 Min. Leicht

Zutaten

1 Zucchini
2 Zwiebeln
250 g Reis
4 Tomaten
1 Paprika, rot
100 g Frischkäse
200 g Feta
3 EL Milch
2 EL Tomatenmark
Oregano, getrocknet
griechische Gewürzmischung
1 TL Brühepulver
Je 1 Prise Salz und Pfeffer

Nährwerte p. 100 g

324 kcal
36 g Kohlenhydrate
15 g Fett
11 g Eiweiß

1 Kochen Sie den Reis nach Packungsanweisung. Säubern Sie die Zucchini und entfernen Sie den Stielansatz. Halbieren Sie das Gemüse und schneiden Sie dickere Scheiben daraus.

2 Waschen Sie die Tomaten und schneiden Sie nicht zu dünne Scheiben daraus. Schälen Sie die Zwiebeln und schneiden Sie sie in Spalten.

3 Spülen Sie die Paprika ab, entfernen Sie die Kerne und schneiden Sie sie in Streifen. Schneiden Sie den Fetakäse in Würfel.

4 Erhitzen Sie in einer Pfanne etwas Öl und braten Sie die Zwiebeln und die Paprika darin an.

5 Geben Sie die Tomaten und die Zucchini dazu und dünsten Sie alles für etwa drei Minuten. Fügen Sie anschließend den Reis zu und füllen Sie etwa 200 ml Wasser auf.

6 Rühren Sie das Tomatenmark darunter und schmecken Sie die Speise mit den Gewürzen ab. Zuletzt mischen Sie die Fetawürfel unter das Gericht.

7 Verrühren Sie anschließend die Milch mit dem Frischkäse und schmecken Sie die Creme mit Salz, Pfeffer und Oregano ab.

8 Richten Sie die Frischkäsecreme in einer separaten Schüssel an und servieren Sie sie zur Reispfanne.

Vegane Hauptgerichte

FAKÉS

GRIECHISCHE LINSENSUPPE

4 Port.

1 Std. 20 Min.

Leicht

Zutaten

1 Dose stückige Tomaten (400 g)
2 EL Gemüsebrühe
4 EL Olivenöl
400 g Linsen (Teller- oder Berglinsen)
80 g Tomatenmark
3 Knoblauchzehen
4 Selleriestangen
2 Zwiebeln
2 große Möhren
1½ l Wasser
½ Bund Petersilie
1 Pastinake (nach Wunsch)
1 TL Oregano (nach Wunsch)
Pfeffer (nach Bedarf)
Rotweinessig oder dunkler Balsamico-Essig (nach Bedarf)

Nährwerte p. P.

386 kcal
40 g Kohlenhydrate
18 g Fett
12 g Eiweiß

1 Waschen Sie die Linsen ab und kochen Sie sie für mindestens 15 Minuten (oder nach Packungsanweisung). Das Kochwasser entsorgen Sie nach dem Kochen.

2 Schälen und zerkleinern Sie alle im Rezept aufgeführten Gemüsesorten. Erhitzen Sie das Olivenöl in einem ausreichend großen Topf und dünsten Sie das Gemüse für kurze Zeit.

3 Geben Sie das Tomatenmark dazu und schwitzen Sie es kurz an. Anschließend fügen Sie die stückigen Tomaten hinzu und gießen das Gemüse mit mindestens einem Liter Wasser auf.

4 Nun geben Sie die vorgekochten und abgetropften Linsen sowie die Gemüsebrühe dazu.

5 Köcheln Sie die Suppe bei mittlerer Hitze für etwa 40 Minuten. Die Linsen und das Gemüse sollen in dieser Zeit schön weich werden.

6 Rühren Sie zwischendurch immer wieder um und füllen Sie bei Bedarf etwas Wasser auf.

7 Am Ende der Kochzeit schmecken Sie die Linsensuppe mit Gewürzen ab und geben die gehackte Petersilie und den Essig dazu.

8 Seien Sie mit dem Essig anfangs sparsam. Geben Sie immer nur einen kleinen Spritzer dazu und schmecken dann ab.

Tipp: Reichen Sie ein frisch gebackenes griechisches Brot dazu.

FASOLAKIA

GRIECHISCHER GRÜNE-BOHNEN-EINTOPF

2 Port. 45 Min. Leicht

Zutaten

1 Dose stückige Tomaten (400 g)
400 g Kartoffeln
10 EL Olivenöl
500 g Fisolen (grüne Bohnen, TK oder frisch)
1 EL Tomatenmark
4 Knoblauchzehen
¾ TL Salz
1 Zwiebeln
1 TL Oregano
½ Tasse Wasser
½ TL Thymian
1 Lorbeerblatt
1 Prise Pfeffer, schwarz

Nährwerte p. P.

1069 kcal
67 g Kohlenhydrate
79 g Fett
16 g Eiweiß

1 Schälen Sie die Zwiebel und den Knoblauch und schneiden Sie kleine Stücke daraus.

2 Schneiden Sie von den Bohnen jeweils die Enden ab. Wenn sie Ihnen zu lang sind, schneiden Sie sie in zwei Hälfen. Schälen Sie die Kartoffeln und zerkleinern Sie sie in kleine Stücke.

3 Erhitzen Sie acht Esslöffel Olivenöl in einem Topf und dünsten Sie darin die Zwiebeln an. Geben Sie dann den Knoblauch dazu und dünsten Sie alles glasig.

4 Nun füllen Sie die stückigen Tomaten und das Tomatenmark in den Topf und rühren alles gut durch.

5 Anschließend geben Sie die Kartoffeln dazu und füllen so viel Wasser auf, bis die Kartoffeln zum größten Teil damit bedeckt sind.

6 Würzen Sie den Eintopf mit dem Salz, dem Pfeffer, dem Thymian, dem Lorbeerblatt sowie dem Oregano. Köcheln Sie die Speise bei mittlerer Hitze für etwa 15 Minuten.

7 Danach geben Sie die Bohnen dazu und köcheln den Eintopf für weitere 20 Minuten.

8 Rühren Sie zwischendurch immer wieder um und füllen Sie gegebenenfalls etwas Wasser auf. Der Eintopf soll nicht trocken werden, aber die Zutaten sollen auch nicht im Wasser "schwimmen". Zurückbleiben soll nur ein wenig Soße.

9 Wenn die Bohnen und die Kartoffeln gar sind, schalten Sie die Kochstelle ab und geben das restliche Olivenöl (zwei Esslöffel) dazu.

Tipp: Reichen Sie ein frisch gebackenes griechisches Brot dazu.
Sollten Sie TK-Bohnen verwenden, nehmen Sie anfangs nur ¼ Tasse Wasser und fügen nach Bedarf mehr dazu.

BRIAM

GRIECHISCHES OFENGEMÜSE

3 Port. 50 Min. Leicht

Zutaten

300 ml Tomatensoße
7 EL Olivenöl
1 Zucchini
1 rote Zwiebel, groß
2 Tomaten
2 EL Petersilie, getrocknet
5 Kartoffeln, mittelgroß
3 Knoblauchzehen
1 Aubergine
Je 1 Prise Salz und Pfeffer

Nährwerte p. P.

578 kcal
48 g Kohlenhydrate
37 g Fett
9 g Eiweiß

1 Waschen Sie die Aubergine und schneiden Sie sie in Scheiben. Wenn Sie möchten, können Sie sie entwässern, indem Sie etwas Salz über die Auberginenscheiben streuen und sie für ca. 20 Minuten beiseitestellen.

2 Danach trocknen Sie sie mit einem Stück Küchenpapier ab. Nebenbei werden der Aubergine mit diesem Arbeitsschritt auch mögliche Bitterstoffe entzogen.

3 Währenddessen waschen Sie die Zucchini und schneiden sie ebenfalls in Scheiben. Schälen Sie die Kartoffeln und schneiden Sie auch diese in Scheiben. Die Zwiebel pellen Sie ab und schneiden sie in Ringe.

4 Nun schichten Sie die Gemüsescheiben abwechselnd in eine Auflaufform. Sehr appetitlich sieht es aus, wenn Sie eine runde Form nehmen und hier die Scheiben aufrecht nebeneinander hineinschichten.

5 Geben Sie jetzt die Tomatensoße über die Gemüsescheiben. Sie sollten damit gut bedeckt sein. Pellen Sie die Knoblauchzehen und hacken Sie sie in feine Stücke. Streuen Sie den Knoblauch in die Soße und würzen Sie mit Salz und Pfeffer

6 Verteilen Sie nun großzügig das Olivenöl auf dem Gemüse und streuen Sie etwas Petersilie darauf.

7 Heizen Sie den Backofen auf 170 ° C Umluft vor. Garen Sie den Auflauf für etwa 50 Minuten, bis die Kartoffeln weich sind. Kontrollieren Sie den Fortschritt zwischendurch.

Tipp: Dieses Gericht eignet sich auch sehr gut als Beilage zum Grillen. Mit einem frischen griechischen Brot gereicht, ist es ein schmackhaftes Hauptgericht.

VEGANER KRITHARAKISALAT

2 Port.

25 Min.

Leicht

Zutaten

Für den Salat:
250 g Kritharaki (Reisnudeln)
8 Stk. getrocknete Tomaten in Öl
1 Handvoll Pinienkerne
80 g Oliven, schwarz
½ Salatgurke
½ Zwiebel, rot
100 g veganer Käse (nach Belieben)

Für das Dressing:
1 TL Balsamico, hell
2 Knoblauchzehen
1 EL Zitronensaft
1 TL Ahornsirup
2 EL Olivenöl
1 TL Thymian
Je 1 Prise Salz und Pfeffer

Nährwerte p. P.

959 kcal
119 g Kohlenhydrate
43 g Fett
20 g Eiweiß

1 Kochen Sie die Reisnudeln nach Packungsanweisung. Anschließend gießen Sie sie ab und stellen sie zum Abkühlen beiseite. Rühren Sie zwischendurch einmal um, damit sie nicht klumpen.

2 Waschen Sie die Gurke und schneiden Sie sie in kleine Würfel. Schälen Sie die Zwiebel und hacken Sie sie in kleine Stücke. Die getrockneten Tomaten schneiden Sie in mundgerechte Stücke.

3 Die Oliven können Sie nach Belieben in Scheiben schneiden, sie halbieren oder auch ganz lassen.

4 Sollten Sie veganen Käse verwenden wollen, schneiden Sie diesen jetzt in Würfel.

5 Rösten Sie die Pinienkerne in einer Pfanne ohne Fettzugabe an. Wenn Sie einen appetitlichen Duft wahrnehmen, stellen Sie sie beiseite.

6 Mischen Sie in einer Schüssel das Olivenöl, den Zitronensaft, den Balsamico, den Ahornsirup, den Thymian und die gepressten Knoblauchzehen sowie etwas Salz und Pfeffer zu einer Marinade zusammen.

7 Geben Sie die Reisnudeln, die Gurken, die Tomaten, die Zwiebel, die Oliven, die Pinienkerne und gegebenenfalls den Käse in eine große Schüssel und vermengen Sie alles gut miteinander.

8 Anschließend rühren Sie vorsichtig die Marinade unter den Salat.

Tipp: Statt Thymian können Sie auch Oregano oder Basilikum verwenden und die Pinienkerne können Sie durch Walnusskerne ersetzen. Rösten Sie diese ebenfalls an. Mit einem frischen griechischen Brot gereicht, ist es ein schmackhaftes Hauptgericht.

GEMISTA

GEFÜLLTE PAPRIKA/TOMATEN

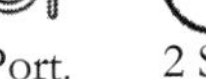

6 Port. 2 Std. Mittel

Zutaten

1 Tasse Reis (Rundkorn)
Je 1 Bund Minze, Dill und Petersilie
6 Fleischtomaten, groß
400 g Tomatensoße
6 Paprika, groß
1 Zwiebel, groß
Je 1 Prise Paprikapulver, Oregano und Curry
Je 1 Prise Salz und Pfeffer
etwas Olivenöl

Nährwerte p. P.

227 kcal
35 g Kohlenhydrate
4 g Fett
8 g Eiweiß

1 Waschen Sie die Tomaten und schneiden Sie den unteren Teil ab. Trennen Sie das Fruchtfleisch heraus und stellen es zur Seite.

2 Waschen Sie die Paprika und schneiden Sie den "Deckel" ab. Entfernen Sie die Kerne. Schälen Sie die Zwiebel und schneiden Sie sie in kleine Würfel.

3 Erhitzen Sie das Olivenöl in einer Pfanne und dünsten Sie darin die Zwiebel glasig an. Geben Sie anschließend den Reis dazu und mischen Sie ihn unter die Zwiebeln. Nun fügen Sie das Tomatenfleisch und die Tomatensoße zu.

4 Würzen Sie den Reis mit den angegebenen Gewürzen und den Kräutern und vermengen Sie alles gut miteinander.

5 Füllen Sie eine halbe Tasse Wasser ein und lassen Sie alles köcheln, bis es verdampft ist.

6 Heizen Sie den Backofen auf 200 ° C Umluft vor. Stellen Sie die Paprika und die Tomaten in eine geeignete Auflaufform.

7 Füllen Sie die Reismischung hinein, allerdings nicht ganz bis zum Rand. Der Reis wird sich noch ausdehnen. Legen Sie die "Deckel" auf die Tomaten und die Paprika.

8 Füllen Sie eine halbe Tasse Wasser in die Auflaufform und decken Sie ein Stück Alufolie darüber. Geben Sie die Form in den Backofen.

9 Entfernen Sie nach etwa 40 Minuten Backzeit die Alufolie und garen Sie das Gemüse für weitere 50 Minuten. Wenn das Wasser verdampft ist, sind die gefüllten Paprika und Tomaten verzehrfertig.

10 Kontrollieren Sie die Speise zwischendurch, damit sie nicht zu sehr gebräunt wird.

Beilagen

GRIECHISCHE KNOBLAUCHKARTOFFELN

6 Port.

25 Min.

Leicht

Zutaten

1 kg Kartoffeln, festkochend
Knoblauch (alternativ Knoblauchpulver)
Salz
Öl (zum Frittieren)

Nährwerte p. P.

13 kcal
2 g Kohlenhydrate
0 g Fett
0 g Eiweiß

1 Waschen Sie die Kartoffeln und schneiden Sie etwa drei Millimeter dünne Scheiben daraus.

2 Anschließend frittieren Sie die Kartoffeln entweder in einer Fritteuse oder in einer Pfanne. Bei Verwendung einer Pfanne befüllen Sie diese etwa fingerbreit mit Öl.

3 Frittieren Sie die Kartoffeln, bis sie eine goldgelbe Farbe angenommen haben. Möglicherweise müssen Sie dies portionsweise durchführen, denn es sollten keine Kartoffelscheiben übereinandergeschichtet werden.

4 Entfetten Sie die frittierten Kartoffelscheiben auf einem Küchentuch. Anschließend geben Sie sie in eine ausreichend große Schüssel und würzen sie mit Salz und Knoblauch.

5 Wenn Sie frischen Knoblauch verwenden möchten, hacken Sie diesen sehr fein und verteilen ihn über den Kartoffeln.

Tipp: Die griechischen Knoblauchkartoffeln können zu allen Hauptgerichten serviert werden.

GRIECHISCHER TOMATENREIS

2 Port. 35 Min. Leicht

Zutaten

300 g Tomaten, passiert
300 ml Wasser
200 g Reis (Langkorn)
2 EL Olivenöl
1 Knoblauchzehe
1 TL Paprikapulver
1 Zwiebel
½ TL Salz
1 TL Gyros- oder Pfannengewürz

Nährwerte p. P.

583 kcal
89 g Kohlenhydrate
17 g Fett
18 g Eiweiß

1 Geben Sie den Reis in ein Sieb und waschen Sie ihn mehrmals mit kaltem Wasser ab.

2 Schälen und hacken Sie die Zwiebel und den Knoblauch. Dünsten Sie in einer Pfanne die Zwiebel und den Knoblauch im Olivenöl glasig.

3 Anschließend geben Sie das Wasser, das Salz, das Paprikapulver, das Gyrosgewürz und die passierten Tomaten dazu.

4 Kochen Sie den Sud einmal auf und geben Sie dann den Reis dazu. Bei mittlerer Hitze köcheln Sie den Reis in dem Tomatensud für etwa 25 Minuten.

KRITHARAKI

GRIECHISCHE REISNUDELN

4 Port. 30 Min. Mittel

Zutaten

300 g Kritharaki (Reisnudeln)
2 TL Tomatenmark
1 TL Paprikapulver
2 TL Butterschmalz
2 Prisen Salz
1 l Wasser

Nährwerte p. P.

300 kcal
59 g Kohlenhydrate
5 g Fett
5 g Eiweiß

1 Braten Sie das Tomatenmark mit dem Butterschmalz und dem Salz in einem Topf an.

2 Geben Sie zwei Esslöffel von den Reisnudeln dazu und braten Sie sie für eine Minute unter Rühren an.

3 Anschließend geben Sie die restlichen Reisnudeln dazu und löschen mit dem Wasser ab. Die Reisnudeln sollten bedeckt sein. Würzen Sie das Gericht mit dem Paprikapulver.

4 Nun köcheln Sie unter stetigem Rühren die Reisnudeln in 15 Minuten gar. Füllen Sie immer etwas Wasser auf, falls die Flüssigkeit während des Kochvorganges verdunstet.

5 Heizen Sie den Backofen auf 220 ° C Umluft vor. Nach der Kochzeit geben Sie den Reis in eine Auflaufform.

6 Garen Sie die Reisnudeln für zehn Minuten im Backofen zu Ende.

Tipp: Traditionell wird diese Beilage mit sehr viel weißem Pfeffer zubereitet. Sie können diese Speise zu sämtlichen Fleisch- und Fischgerichten servieren.

ZITRONENREIS

4 Port.

30 Min.

Leicht

Zutaten

300 g Reis
Zitronensaft von einer großen Zitrone
Abrieb von einer großen Zitrone
2 EL Petersilie, gehackt
1 l Gemüsebrühe
2 Knoblauchzehen
1 TL Salz
1 Schalotte
1 EL Olivenöl
½ EL griechische Gewürzmischung

Nährwerte p. P.

331 kcal
59 g Kohlenhydrate
5 g Fett
12 g Eiweiß

1 Schälen Sie zunächst die Schalotte und den Knoblauch und zerkleinern Sie beides anschließend in kleine Stücke.

2 Geben Sie das Olivenöl in einen Topf und dünsten Sie den Knoblauch und die Schalotte an.

3 Löschen Sie mit der Gemüsebrühe ab und fügen Sie das Salz und die griechische Gewürzmischung hinzu.

4 Geben Sie nun den Reis dazu und garen Sie ihn für etwa 25 Minuten. Nach der Kochzeit füllen Sie den abgetropften Reis in eine Schüssel. Fangen Sie die Kochflüssigkeit auf.

5 Lockern Sie den Reis etwas auf und geben Sie den Zitronensaft, die abgeriebene Zitronenschale und etwas Kochflüssigkeit dazu. Rühren Sie alles gut durch, bis Sie die gewünschte Konsistenz erreicht haben.

6 Zum Servieren garnieren Sie den Reis mit Zitronenscheiben und etwas Petersilie.

Fingerfood & Snacks

KOURABIEDES

GRIECHISCHES MANDELGEBÄCK

 40 Port.
 1 Std.
 Leicht

Zutaten

Für den Teig:
300 g Weizenmehl
100 g gemahlene Mandeln
120 g Zucker
160 g Butter
1 Eigelb
1 Ei
1 Pck. Vanillezucker
1 Prise Salz
¼ Pck. Backpulver
2 cl Ouzo
Nelken, Rosenwasser und Puderzucke

Nährwerte p. P.

93 kcal
10 g Kohlenhydrate
5 g Fett
2 g Eiweiß

1 Rühren Sie die Butter mit dem Zucker und dem Vanillezucker in einer Schüssel schaumig. Anschließend mischen Sie das Eigelb, das Ei, den Ouzo und das Salz dazu.

2 Sieben Sie das Mehl in eine separate Schüssel und mischen Sie das Backpulver darunter. Dieses geben Sie in kleinen Portionen zur Buttermischung und fügen die gemahlenen Mandeln hinzu.

3 Stellen Sie den Teig für 15 Minuten zum Ruhen in den Kühlschrank. Nach der Ruhezeit formen Sie aus dem Teig kleine Bällchen. Sie sollten etwa ein Gewicht von 20 g haben.

4 In die Mitte eines jeden Teigbällchens stecken Sie eine Gewürznelke. Platzieren Sie die Bällchen dann auf einem Blech, welches Sie zuvor mit Backpapier belegt haben.

5 Heizen Sie den Backofen auf 175 ° C mit Ober- und Unterhitze oder auf 155 ° C Umluft vor.

6 Geben Sie die Teigbällchen für 15 bis 20 Minuten in den Backofen. Nach der Backzeit pinseln Sie jedes noch warme Gebäckteil mit Rosenwasser ein und sieben den Puderzucker darüber.

Tipp: Das Gebäck ist bis zu vier Wochen haltbar, wenn Sie es an einem kühlen Ort in einer gut verschließbaren Dose lagern.

GRIECHISCHE BLÄTTERTEIGSTANGEN

6 Port. 30 Min. Leicht

Zutaten

150 g Feta
80 g Tomaten, getrocknet
1 Rolle Blätterteig
80 g Crème fraîche
1 Eigelb
80 g Oliven, schwarz
1 Handvoll geriebener Käse
1 TL Honig
1½ EL Milch
Je 1 Prise Salz und Pfeffer

Nährwerte Rezept

495 kcal
34 g Kohlenhydrate
35 g Fett
11 g Eiweiß

1 Heizen Sie den Backofen auf 190 ° C (Umluft oder Ober-/Unterhitze) vor und belegen Sie ein Blech mit Backpapier.

2 Schneiden Sie die Oliven und die getrockneten Tomaten in kleine Stücke und bröseln Sie den Fetakäse dazu. Rühren Sie nun den Honig und die Crème fraîche dazu und schmecken Sie die Füllung mit Pfeffer und Salz ab.

3 Schneiden Sie den Blätterteig in sechs Streifen.

4 Geben Sie die Fetamischung auf eine längliche Hälfte eines Streifens und decken Sie die andere Hälfte darüber. Greifen Sie beide Enden des Blätterteigstreifens und zwirbeln Sie ihn auf. Verfahren Sie mit den übrigen Streifen ebenso und platzieren Sie sie auf dem Backblech.

5 Verrühren Sie die Milch mit dem Eigelb und bestreichen Sie die Blätterteigstangen mit der Flüssigkeit. Zum Schluss streuen Sie etwas geriebenen Käse darüber.

6 Backen Sie die Stangen für etwa 20 Minuten, bis sie eine goldbraune Farbe angenommen haben.

DAKOS

KRETISCHER ZWIEBACK

6 Port.

4 Std.
10 Min.

Leicht

Zutaten

Für den Teig:
150 g Weizenmehl
150 g Vollkornmehl
300 g Dinkelvollkornmehl
8 EL Olivenöl
2 Prisen Salz
3 TL Honig
2 Pck. Trockenhefe
320 ml Wasser

Für den Belag:
200 g Feta
1 kg reife Tomaten
5 EL entsteinte schwarze Oliven
8 EL Olivenöl
3 TL getrockneten Oregano
4 Minzstiele
2 TL Zucker
2 TL Meersalz
1 Prise Pfeffer
3 TL Kapern, eingelegt

Nährwerte p. P.

405 kcal
39 g Kohlenhydrate
23 g Fett
10 g Eiweiß

1 Geben Sie alle Zutaten, das Wasser zuletzt, in eine große Rührschüssel und verkneten Sie alles zu einem geschmeidigen Teig. Sie können entweder eine Küchenmaschine oder einen Mixer mit Knethaken verwenden.

2 Stellen Sie die Schüssel zugedeckt zum Aufgehen an einen warmen Ort. Nach der Ruhezeit kneten Sie den Teig auf einer bemehlten Arbeitsfläche noch einmal kurz durch und teilen ihn anschließend in sechs gleich große Stücke auf.

3 Formen Sie aus jedem Stück eine Rolle von etwa 25 cm Länge. Aus jeder Rolle gestalten Sie eine Brötchenschnecke und platzieren sie auf einem Blech mit Backpapier.

4 Decken Sie das Blech mit einem Geschirrtuch oder Ähnlichem ab und lassen Sie ihn für 40 Minuten ruhen. Währenddessen heizen Sie den Backofen auf 190 ° C Ober- und Unterhitze oder auf 170 ° C Umluft vor.

5 Nach der Ruhezeit des Teiges backen Sie die Brötchenschnecken für ca. 20 bis 25 Minuten, bis sie eine hellbraune Farbe angenommen haben. Anschließend nehmen Sie die Brötchen heraus, lassen sie etwas abkühlen und stellen den Ofen auf 80 ° C ein.

6 Teilen Sie die Brötchen in zwei Hälften und verteilen Sie sie mit der Schnittfläche nach oben auf zwei Backbleche.

7 Platzieren Sie ein Blech auf der zweiten Schiene von oben und das andere Blech auf der untersten Schiene des Backofens. Die Brötchen werden nun für etwa drei Stunden im Backofen zu Zwieback getrocknet. Nach der Trocknung muss der Zwieback abkühlen.

8 In der Zwischenzeit können Sie den Belag herstellen. Waschen Sie alle Tomaten und wiegen Sie anschließend 400 g ab. Diese verarbeiten Sie mit einer Reibe zu groben Raffeln. Aus den restlichen Tomaten schneiden Sie kleine Würfel.

9 Vermischen Sie alle Tomaten mit Salz und stellen Sie sie zum Ziehen für eine halbe Stunde zur Seite. Währenddessen spülen Sie die Minze ab und zupfen die Blätter in kleine Stücke. Den Fetakäse bröckeln Sie in kleine Teilchen.

10 Nach der Ruhezeit mischen Sie die Tomaten mit den Oliven, den Kapern, dem Oregano, dem Olivenöl sowie dem Pfeffer und dem Zucker.

11 Zum Servieren drapieren Sie die Zwiebackstücke auf einem Teller oder einer Platte. Geben Sie die Tomatenmischung mit viel Flüssigkeit darauf. Zum Schluss streuen Sie den Fetakäse und die Minze darüber.

GRIECHISCHE WAFFELN

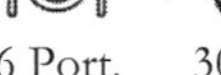

6 Port. 30 Min. Leicht

Zutaten

Für den Teig:
150 g Feta
200 g Zucchini
220 g Mehl
½ TL Backpulver
200 ml Milch
100 g Butter
2 Eier
Salz und Thymian

Nährwerte p. P.

364 kcal
29 g Kohlenhydrate
22 g Fett
11 g Eiweiß

1 Schmelzen Sie die Butter in einem Topf oder in der Mikrowelle. Stellen Sie sie danach zum Abkühlen beiseite.

2 Bröckeln Sie währenddessen den Feta in kleine Stücke und waschen Sie die Zucchini. Diese reiben Sie mit einer Küchenreibe fein.

3 Vermischen Sie die abgekühlte Butter, die Eier, das Backpulver, die Milch sowie das Mehl zu einem geschmeidigen Teig.

4 Rühren Sie nun die geriebenen Zucchini und den zerbröckelten Feta dazu und schmecken Sie den Teig mit Salz und Thymian ab.

5 Pinseln Sie ein erhitztes Waffeleisen mit Butter ein und backen Sie nacheinander die Waffeln goldbraun aus.

6 Die Waffeln werden sofort nach dem Backen serviert.

Tipp: Sie können zu den Waffeln eine herzhafte Soße (z. B. mit Schnittlauch) und einen Salat reichen.

MELITSANOKEFTEDES

AUBERGINEN-TALER

 15 Port.

 1 Std. 20 Min.

 Leicht

Zutaten

50 g Semmelbrösel oder Paniermehl
50 g Walnüsse
2 Auberginen
1 EL frische Minze, gehackt (1 TL getrocknete Minze)
1 EL Petersilie, gehackt
1 Ei
50 g geriebenen Hartkäse
3 EL Mehl
1 Zwiebel
Je 1 Prise Salz und Pfeffer

Nährwerte p. P.

68 kcal
5 g Kohlenhydrate
4 g Fett
3 g Eiweiß

1 Heizen Sie den Backofen auf 180 ° C Umluft vor.

2 Ritzen Sie die Schale der Auberginen ein und geben Sie sie für etwa 50 Minuten in den Backofen.

3 Nach der Backzeit stellen Sie die Auberginen abgedeckt zum Abkühlen zur Seite. Im kalten oder lauwarmen Zustand können Sie die Auberginen schälen.

4 Bestreuen Sie sie mit Salz und lassen Sie sie in einem Sieb für zehn Minuten abtropfen.Anschließend pürieren Sie die Auberginen mit einem Pürierstab.

5 Geben Sie die restlichen Zutaten dazu und rühren Sie alles zu einem dickflüssigen Brei zusammen. Die Konsistenz sollte so fest sein, dass Sie mit einem Löffel Portionen "abschneiden" können.

6 Ist Ihnen der Teig zu flüssig geraten, geben Sie noch etwas Mehl dazu.

7 Erhitzen Sie in einer Pfanne etwas Olivenöl. Geben Sie löffelweise den Teig in die Pfanne und drücken Sie die Portionen etwas flach. So ergeben sich kleine Frikadellen.

8 Wenn die Auberginen-Taler die gewünschte Bräunung haben, wenden Sie sie. Seien Sie dabei vorsichtig, denn sie zerfallen sehr leicht.

9 Nach dem Braten können Sie die Taler auf einem Stück Küchenpapier "entfetten" und anschließend servieren.

Tipp: Sie können die Auberginen-Taler warm reichen, aber auch abgekühlt mit einem Dip servieren.

KOLOKITHOKEFTDES

ZUCCHINI-BÄLLCHEN

4 Port.

30 Min.

Leicht

Zutaten

2 Frühlingszwiebeln
1 Zwiebel
1 kg Zucchini
2 Eier
180 g Mehl
100 g Feta
1 Bund Petersilie
Je 1 Prise Salz und Pfeffer

Nährwerte p. P.

320 kcal
41 g Kohlenhydrate
9 g Fett
16 g Eiweiß

1 Zunächst schälen Sie die Zucchini und reiben sie anschließend fein. Geben Sie das Fruchtfleisch in ein geeignetes Tuch und drücken Sie die Flüssigkeit heraus.

2 Hacken Sie die Petersilie, die Zwiebel und die Frühlingszwiebeln so klein wie möglich.

3 Die Eier verquirlen Sie und geben die vorherigen Zutaten dazu. Rühren Sie den zerbröselten Feta unter die Mischung, geben Sie das Mehl dazu und verkneten Sie alles sorgfältig.

4 Seien Sie anfangs sparsam mit dem Mehl. Geben Sie es nach und nach zu der Masse, bis Sie daraus kleine Bällchen formen können. Schmecken Sie den Teig mit Salz und Pfeffer ab.

5 Nun formen Sie daraus 15 bis 20 kleine Bällchen, die Sie anschließend in einer Pfanne für fünf bis zehn Minuten braten, bis sie eine goldbraune Farbe angenommen haben.

6 Legen Sie die Zucchini-Bällchen nach dem Braten zum Entfetten auf ein Küchentuch.

Tipp: Sie können auch statt Bällchen kleine „Frikadellen" aus dem Teig formen. Diese Speise können Sie warm servieren oder kalt mit einem Dip genießen.

EINGELEGTE OLIVEN

10 Port.

4 Tage

Leicht

Zutaten

400 g schwarze Oliven (ohne Stein und nicht geschwärzt)
150 ml Olivenöl
1 EL Honig
3 EL El Chardonnay Essig (od. Weißweinessig)
4 Thymianstiele
1 Rosmarinzweig
1 Knoblauchzehe
1 TL Fleur de sel (Salz)
½ TL Chiliflocken
1 Zitrone (Bio)
1 Orange (Bio)

Nährwerte p. P.

179 kcal
1 g Kohlenhydrate
18 g Fett
1 g Eiweiß

1 Schälen Sie die Knoblauchzehe und schneiden Sie sie in dünne Scheiben. Entfernen Sie die Nadeln des Rosmarins und die Blätter des Thymians von den Stielen und schneiden Sie sie in feine Stücke.

2 Die Zitrone und die Orange waschen Sie mit heißem Wasser ab. Anschließend trocknen Sie sie mit einem Stück Küchenpapier ab und schälen ganz dünn die Schale ab. Die weiße Haut belassen Sie an den Früchten. Hacken Sie die Schale in feine Teilchen.

3 Vermischen Sie das Fleur de sel (Salz) mit dem Honig und dem Essig. Rühren Sie die Flüssigkeit so lange, bis sich das Salz aufgelöst hat.

4 Anschließend geben Sie nach und nach 100 ml des Olivenöls, den Knoblauch, die Kräuter und das Chili sowie die gehackten Schalen der Zitrusfrüchte dazu und rühren alles gut durch.

5 Geben Sie die Oliven in ein gut verschließbares Glas mit mindestens 500 ml Inhalt.

6 Füllen Sie das Gewürzöl hinein. Sind die Oliven nicht vollständig bedeckt, geben Sie noch etwas Olivenöl dazu.

7 Stellen Sie das Glas mit den Oliven für vier Tage zum Ziehen in den Kühlschrank.

Tipp: Sie können die eingelegten Oliven für zwei Wochen im Kühlschrank aufbewahren.

Desserts

KATAIFI

GEFÜLLTE BLÄTTERTEIGTASCHEN

20 Port. 25 Min. Leicht

Zutaten

Für den Teig:

500 g griechischer Blätterteig (Kataifiteig; Teigfäden)
100 g Zucker
250 g gemahlene Walnüsse
1½ Tassen flüssige Butter
1 TL gemahlenen Zimt

Für den Sirup:

2 Tassen Wasser
3 Tassen Zucker
Saft von einer Zitrone

Nährwerte Rezept

359 kcal
35 g Kohlenhydrate
23 g Fett
4 g Eiweiß

1 Vermischen Sie in einer Rührschüssel den Zucker mit den Walnüssen und dem Zimt.

2 Legen Sie anschließend die Blätterteigscheiben auf ein Backblech. Die Blätterteigstücke sollten eine rechteckige Form haben.

3 Geben Sie nun einen Esslöffel der hergestellten Nussfüllung auf eine Ecke des Rechteckes und rollen Sie es auf. Achten Sie darauf, dass nichts seitlich herausquillt.

4 Nacheinander fertigen Sie alle weiteren Blätterteigstücke aus der Packung an.

5 Nehmen Sie nun ein anderes Backblech und fetten Sie es reichlich mit Butter ein. Platzieren Sie alle Blätterteigstücke darauf und übergießen Sie sie mit der flüssigen Butter.

6 Heizen Sie den Backofen auf eine mittlere Temperatur (125 ° C Umluft) vor und geben Sie das Gebäck für ca. eine halbe Stunde hinein. Je nach Backofen kann die Garzeit variieren, überprüfen Sie deshalb zwischendurch den Fortschritt.

7 Währenddessen geben Sie die Zutaten für den Sirup in einen Topf und lassen den Sud bei mittlerer Hitze für etwa 15 Minuten einkochen.

8 Nach der Backzeit übergießen Sie die fertigen Kataifi mit dem Sirup und servieren diese sofort.

Tipp: Dieses Rezept kann auch deftig zubereitet werden. Sie können die Blätterteigstücke mit unterschiedlichen Käsesorten oder mit Lachs füllen.

LOUKOUMADES

GRIECHISCHE HONIGBÄLLCHEN

8 Port.

2 Std.
20 Min.

Mittel

Zutaten

200 g Honig
20 g Trockenhefe (oder ½ Hefewürfel)
250 g Mehl
1 Stange Zimt
Saft einer halben Zitrone
1 Prise Salz

½ l Wasser
125 ml Wasser
125 ml warmes Wasser

1 Becher Öl zum Frittieren

Nährwerte p. P.

403 kcal
43 g Kohlenhydrate
23 g Fett
4 g Eiweiß

1 Geben Sie zunächst den Honig, den Zitronensaft und die Zimtstange mit einem halben Liter Wasser in einen Topf. Kochen Sie diese Zutaten für 15 Minuten sprudelnd auf. Danach lassen Sie den Sirup abkühlen.

2 Währenddessen sieben Sie das Mehl in eine Rührschüssel und formen in der Mitte eine Mulde. Hier hinein geben Sie die Hefe und 125 Milliliter Wasser. Mit etwas Mehl vom Rand vermischen Sie die Hefe und das Wasser und stellen die Schüssel für 30 Minuten abgedeckt einen warmen Ort.

3 Fügen Sie anschließend das Salz und 125 Milliliter warmes Wasser dazu und vermischen Sie alle Zutaten zu einem homogenen Teig. Stellen Sie die Schüssel abermals abgedeckt an einen warmen Ort, bis der Teig in etwa die doppelte Größe erreicht hat.

4 Erhitzen Sie in einer Fritteuse oder einem Topf eine reichliche Menge Öl. Die richtige Hitze ist erreicht, wenn ein Holzstäbchen Bläschen erzeugt.

5 Stellen Sie sich einen Teller mit einer doppelten Lage Küchenpapier bereit. Ebenso benötigen Sie im nächsten Schritt einen Schaumlöffel, den Honigsirup und einen weiteren Teller zum Ablegen der Honigbällchen.

6 Fetten Sie sich die Hände und einen Teelöffel mit etwas Öl ein. Nehmen Sie nun eine kleine Menge des Teiges in eine Hand und formen etwa haselnussgroße Kugeln daraus. Mit dem Teelöffel geben Sie immer fünf bis sechs dieser Bällchen in das siedende Öl. Wenn diese eine leicht bräunliche Farbe angenommen haben, nehmen Sie sie mit dem Schaumlöffel heraus und geben sie zum Entfetten auf das Küchenpapier. Verfahren Sie so lange weiter, bis Sie den Teig verbraucht haben.

7 Die gebackenen Hefebällchen geben Sie zwischendurch in den Sirup, sie sollten nicht zu lange auskühlen. Erst nach dem Honigbad platzieren Sie sie auf einen weiteren Teller zum Abkühlen.

GRIEß HALVA

4 Port.

2 Std.
20 Min.

Mittel

Zutaten

250 g Zucker
120 ml Olivenöl
300 g Hartweizengrieß
1 Pck. Vanillezucker
die abgeriebene Schale einer halben Zitrone
225 ml Milch
225 ml Wasser

Puderzucker u. Zimtpulver

Nährwerte p. P.

832 kcal
120 g Kohlenhydrate
34 g Fett
11 g Eiweiß

1 Geben Sie das Olivenöl in einen Topf oder eine Pfanne und erhitzen Sie es. Allerdings sollte es nicht zu heiß werden, bevor Sie den Grieß hineingeben. Rösten Sie ihn bei schwacher Hitze und unter stetigem Rühren, bis er eine goldgelbe Farbe angenommen hat.

2 Nehmen Sie anschließend den Topf von der Kochstelle und geben den Zucker und die Flüssigkeiten hinzu. Dies muss ebenfalls unter ständigem Rühren geschehen, damit keine Klumpen entstehen.

3 Stellen Sie den Topf wieder auf die Kochstelle. Nach dem Aufkochen köcheln Sie die Masse, bis ein fester Brei entstanden ist. Auch während dieses Prozesses müssen Sie ständig rühren, damit die Speise nicht ansetzt.

4 Nehmen Sie eine flache Auflaufform und füllen Sie den festen Grießbrei hinein. Streichen Sie ihn mit einem Löffel glatt.

5 Der Grieß Halva kommt nun für ca. zwei Stunden in den Kühlschrank, damit er an Festigkeit zunimmt.

6 Nun können Sie die Speise aus der Form lösen und mit Puderzucker und dem Zimtpulver bestreuen.

7 Zum Schluss schneiden Sie Würfel mit einer Größe von drei bis vier Zentimetern daraus.

Tipp: Wenn Sie mögen, können Sie vor dem Ablöschen mit der Flüssigkeit Sesamsamen oder Mandelstifte mit dem Grieß rösten.

GALATOPIA

GRIECHISCHER MILCHKUCHEN

8 Port.

5 Std.

Leicht

Zutaten

Für den Teig:

200 g Zucker
85 g Mehl aus Hartweizengrieß (Semola)
1100 ml Milch
95 g Butter
30 g Maisstärke
3 Eier
Abrieb einer Zitrone
½ Vanilleschote (das Mark)
Salz

Für die Glasur:

2 EL Zucker
1 Ei
2 EL Wasser

Zum Servieren (nach Wahl):

1 EL Honig
frische Minze
2 EL Zucker
1 EL Zimt

Nährwerte p. P.

405 kcal
53 g Kohlenhydrate
18 g Fett
8 g Eiweiß

1 Heizen Sie zuerst den Backofen auf 180 ° C Ober- und Unterhitze vor.

2 Währenddessen geben Sie die Milch und den Zucker in einen Topf. Unter ständigem Rühren bringen Sie die Milch zum Kochen, bis sich der Zucker aufgelöst hat. Stellen Sie den Topf beiseite und halten Sie die Flüssigkeit warm.

3 Mischen Sie jetzt das Grießmehl und die Stärke in einer Rührschüssel zusammen und geben Sie anschließend die abgeriebene Zitronenschale und das Vanillemark dazu.

4 In einer separaten Schüssel verquirlen Sie die Eier und geben sie dann zum Mehlgemisch. Mixen Sie die Zutaten mit einem Mixer oder einem Schneebesen gut durch.

5 Nun geben Sie nach und nach die heiße Milch dazu und rühren die Mischung währenddessen gut durch.

6 Danach füllen Sie die Masse in den Topf und köcheln sie bei mittlerer Hitze, bis sie eindickt. Dabei rühren Sie ständig um, damit nichts ansetzt.

7 Füllen Sie anschließend den Teig in eine gefettete und mit Grieß bestreute Auflaufform.

8 Stellen Sie nun die Glasur her, indem Sie alle Zutaten miteinander verrühren. Streichen Sie den Kuchen damit ein und stellen Sie ihn für ca. 40 Minuten in den Backofen. Die Speise ist fertig, wenn sie eine leichte Bräunung angenommen hat.

9 Nach der Backzeit stellen Sie das Dessert für mindestens vier Stunden zum Abkühlen beiseite. Während dieser Zeit verfestigt sich die Speise.

10 Zum Servieren richten Sie ein Stück des Kuchens auf einem mit Honig beträufelten Teller an, bestreuen ihn mit Zimt und Zucker und garnieren ihn mit frischer Minze.

BOUGATSA

GRIECHISCHES GEBÄCK

8 Port.

1 Std. 20 Min.

Mittel

Zutaten

12 Blätter Filoteig
1 l Milch
250 g Zucker
140 g Grieß
180 g Butter
½ TL Vanilleextrakt
1 Zitrone
4 Eier
1 TL Zimt
Pistazien und Puderzucker

Nährwerte p. P.

764 kcal
104 g Kohlenhydrate
31 g Fett
16 g Eiweiß

1 Schälen Sie die Zitrone vorsichtig mit einem Gemüseschäler ab. Die weiße Schicht verbleibt an der Zitrone.

2 Geben Sie die Milch mit der Zitronenschale in einen Topf und bringen Sie sie zum Kochen.

3 Rieseln Sie anschließend den Grieß dazu und köcheln Sie den Brei unter ständigem Rühren für drei bis vier Minuten, bis er sämig wird.

4 Rühren Sie die Eier mit dem Zucker und dem Vanilleextrakt schaumig und fügen Sie den Eierschaum vorsichtig unter Rühren dem Grießbrei zu.

5 Köcheln Sie den Brei bei niedriger Hitze so lange weiter, bis er dicklich wird. Dabei rühren Sie ständig um, damit nichts ansetzt. Anschließend füllen Sie den Brei in eine Schüssel, nehmen die Zitronenschale heraus und decken sie mit Frischhaltefolie ab. Stellen Sie die Creme zum Auskühlen beiseite.

6 Währenddessen heizen Sie den Backofen auf 180 ° C Ober- und Unterhitze vor und fetten eine rechteckige Auflaufform ein. Bringen Sie nun die Butter in einem Topf zum Schmelzen.

7 Verteilen Sie acht Blätter des Filoteiges in der Auflaufform und fetten Sie jedes einzelne Blatt mit der flüssigen Butter ein. Die Teigränder ragen etwas über die Seiten der Auflaufform hinaus.

8 Geben Sie jetzt die ausgekühlte Creme auf den Filoteig und falten Sie die überstehenden Teigränder nach innen.

9 Jetzt legen Sie die restlichen Filoteigblätter auf die Creme und bestreichen wiederum jedes einzelne mit der flüssigen Butter. Die jetzt überstehenden Ränder schneiden Sie ab.

10 Träufeln Sie etwas Wasser auf den Teig, bevor Sie die Auflaufform in den Backofen stellen.

11 Backen Sie den Kuchen für ca. 30 bis 40 Minuten, bis er eine goldgelbe Farbe angenommen hat. Nach kurzem Abkühlen streuen Sie Puderzucker, Zimt und Pistazien darüber.

BAKLAVA

50 Port.

1 Std. 5 Min.

Leicht

Zutaten

Für den Teig/Füllung:
200 g Nüsse/Mandeln nach Wahl
500 g Filoteig
200 g Butter
1 TL Zimt

Für den Sirup:
300 g Zucker
200 ml Wasser
20 ml Rosenwasser
1 TL Zitronensaft

Nährwerte p. P.

118 kcal
10 g Kohlenhydrate
8 g Fett
1 g Eiweiß

1 Zunächst hacken Sie die Nüsse und/oder Mandeln in feine Stücke und mischen sie anschließend mit dem Zimt.

2 Schmelzen Sie die Butter in einem Topf auf dem Herd oder in einer mikrowellengeeigneten Schüssel in der Mikrowelle. Heizen Sie den Backofen auf 160 ° C Ober- und Unterhitze vor.

3 Nehmen Sie 200 g Filoteig und belegen Sie damit 2-fach eine Auflaufform oder alternativ ein kleines Blech. Streichen Sie eine große Menge der flüssigen Butter darüber. Legen Sie wiederum zwei Lagen des Filoteiges darauf und bestreichen Sie sie mit Butter. Verfahren Sie so lange weiter, bis die 200 g Filoteig aufgebraucht sind. Belegen Sie anschließend den eingebutterten Teig mit der Nussmischung.

4 Verwenden Sie jetzt die restlichen 300 g des Teiges, indem Sie immer zwei Schichten Filo in die Auflaufform legen und diese mit Butter bestreichen. Wichtig ist, dass die letzte Schicht Teig ebenso mit Butter bepinselt wird. Diese soll komplett verbraucht werden. Nach dem Backen gießen Sie die Butter ab.

5 Wenn Sie möchten, können Sie vor dem Backen die Schnittlinien vorzeichnen und diese grob einschneiden. Besprühen Sie die Oberfläche mit etwas Wasser, damit sie knusprig wird.

6 Backen Sie die Speise für etwa 30 bis 40 Minuten im Backofen, bis sie eine goldbraune Farbe angenommen hat.

7 In der Zwischenzeit bereiten Sie den Sirup vor. Dazu kochen Sie das Wasser mit dem Zucker auf. Dieser muss sich aufgelöst haben, bevor Sie die Flüssigkeit bei geringer Hitze für bis zu zehn Minuten reduzieren lassen.

8 Geben Sie anschließend den Zitronensaft und wenn Sie mögen das Rosenwasser hinzu.

9 Nehmen Sie nach der Backzeit die Baklava aus dem Ofen und gießen Sie das überschüssige Fett ab. Übergießen Sie die Speise mit dem heißen Sirup und stellen Sie sie zum Abkühlen beiseite.

10 Zum Servieren teilen Sie kleine Rechtecke oder Rauten ab.

Tipp: Baklava gibt es in vielen verschiedenen Varianten, je nachdem, wo es angeboten wird. Diese Speise ist nicht nur in Griechenland sehr beliebt, sondern auch in der Türkei und in vielen arabischen Ländern. In der Regel wird dafür eine Nussmischung (Haselnüsse, Walnüsse, Pistazien usw.) verwendet. Sie können aber auch eine herzhafte Füllung einbringen.
Ein qualitativer Filoteig (auch Yufkateig genannt) ist das A und O dieser Speise. Er sollte beim Kauf nicht zu trocken wirken. Alternativ können Sie auch Blätterteig verwenden.

Getränke

ZITRONEN-HONIG-LIMONADE

4 Port.

20 Min.

Leicht

Zutaten

1 l Wasser
8 unbehandelte Zitronen
8 EL Honig

Nährwerte p. P.

142 kcal
33 g Kohlenhydrate
1 g Fett
1 g Eiweiß

1 Mit einer Reibe schaben Sie die Schale von den Zitronen ab. Anschließend halbieren Sie die Früchte, um sie zu entsaften.

2 Füllen Sie den Zitronensaft und den Abrieb der Zitronen in einen hitzebeständigen Behälter. Geben Sie ebenfalls den Honig dazu.

3 Bringen Sie jetzt das Wasser zum Kochen und gießen Sie es dann in den Krug zu den anderen Zutaten.

4 Rühren Sie die Flüssigkeit so lange gut durch, bis sich der Honig aufgelöst hat.

5 Sie können die Limonade heiß oder kalt genießen.

OUZO

GRIECHISCHER ANIS SCHNAPS

k. A. 2 Tage Leicht

Zutaten

70 g Kandiszucker
7 Tropfen Anisöl
700 ml Korn (38 %)

Nährwerte p. P.

k. A. kcal
k. A. g Kohlenhydrate
k. A. g Fett
k. A. g Eiweiß

1 Vermischen Sie alle Zutaten unter kräftigem Schütteln in einer gut zu verschließenden Glasflasche.

2 Nun geben Sie dem Getränk viel Zeit, damit er gut ansetzen kann. Stellen Sie die Flasche für ein bis zwei Tage beiseite. Schütteln Sie sie täglich mehrmals gut durch.

3 Wenn sich der Zucker aufgelöst hat, stellen Sie den Ouzo in den Gefrierschrank. Haben sich Eiskristalle in der Flasche gebildet, ist das Getränk verzehrfertig.

Tipp: Haben Sie mal kein passendes Geschenk zur Hand, füllen Sie Ihren selbstgemachten Ouzo in kleine Fläschchen um und geben ihn als Präsent weiter.
Sie können den Ouzo auch als Longdrink genießen. Geben Sie dafür drei Esslöffel des Schnapses in ein Glas und füllen Sie 200 ml Orangensaft auf. Servieren Sie das Getränk mit Crusheis und geben Sie nach Belieben ein paar Spritzer Zitronensaft dazu.

GRIECHISCHER EISKAFFEE

4 Port.

15 Min.

Leicht

Zutaten

Für den Milch-Shake:
4 EL Magerquark
400 ml Milch
1 EL Karamellsirup
2 Kugeln Vanilleeis
1 EL Schokokaffeebohnen

Für den Schaum:
1 TL Zucker
1 EL Instant Espresso

Nährwerte p. P.

171 kcal
18 g Kohlenhydrate
8 g Fett
8 g Eiweiß

1 Geben Sie die Milch, den Quark, den Sirup und das Eis in eine Küchenmaschine und pürieren Sie alles gut durch. Sie können dafür auch einen Pürierstab verwenden. Rühren Sie die Schokobohnen in den Milchshake und gießen Sie ihn in Gläser.

2 Mischen Sie anschließend das Espressopulver mit dem Zucker und geben Sie drei bis vier Esslöffel kaltes Wasser hinzu.

3 Verarbeiten Sie die Zutaten mit einem Milchaufschäumer (alternativ mit einem Mixer) zu einer schaumigen Masse, den Sie mit einem Esslöffel auf dem Milchshake drapieren. Nach Bedarf garnieren Sie das Getränk mit einem Strohhalm.

ELLINIKOS

GRIECHISCHER KAFFEE

1 Port. 2 Min. Leicht

Zutaten

2 TL griechischer Mokka (puderfein)
2 TL Zucker (alternativ Ahornsirup)
100 ml kaltes Wasser

1 Füllen Sie das Wasser und den Zucker in einen Topf. Erhitzen Sie die Flüssigkeit, bis sich der Zucker aufgelöst hat.

2 Geben Sie anschließend das Mokkapulver hinzu und rühren Sie einmal kurz um.

3 Achten Sie darauf, dass der Kaffee nicht zum Kochen kommt. Wenn sich die erste "Kochblase" bildet und nach oben steigt, nehmen Sie den Topf von der Kochstelle.

Tipp: Traditionell wird dieses Getränk in einem sogenannten „Mpriki" zubereitet. Sie können ein solches Gefäß in einem griechischen Geschäft erwerben. Alternativ können Sie natürlich auch einen kleinen Kochtopf verwenden. In Griechenland wird der Elliniko meist mit einem Stück Gebäck zum Eintauchen serviert. Dieses nennt sich „Voutimataki".

Soßen, Aufstriche, Cremes & Dips

METAXA SOẞE

4 Port.

20 Min.

Leicht

Zutaten

400 ml Sahne
5 cl Metaxa
1 Pck. passierte Tomaten
½ rote Paprikaschote
1 TL Pfeffer
1 TL Paprika edelsüß
1 TL Salz
1 TL Zucker
1 EL Olivenöl

Nährwerte p. P.

408 kcal
16 g Kohlenhydrate
36 g Fett
4 g Eiweiß

1 Schneiden Sie die Paprikaschote in kleine Würfel und braten Sie sie mit dem Olivenöl an.

2 Anschließend geben Sie die passierten Tomaten und die Sahne dazu.

3 Rühren Sie nun den Metaxa dazu und würzen die Soße mit Pfeffer, Paprikapulver, Salz und Zucker.

GRIECHISCHE SOẞE ZU FISCH

2 Port.

10 Min.

Leicht

Zutaten

½ Tasse natives Olivenöl
2 Knoblauchzehen
Zitronensaft von 2 Zitronen
1 Tasse Joghurt
1 Bund Dill
2 Prisen Salz
1 Handvoll eingelegte Kapern
2 Prisen schwarzer Pfeffer

Nährwerte p. P.

403 kcal
9 g Kohlenhydrate
39 g Fett
4 g Eiweiß

1 Geben Sie den Joghurt in eine Schüssel und quirlen Sie ihn gut durch. Anschließend fügen Sie den Saft der Zitronen, den frisch gehackten Dill, den zerdrückten Knoblauch und das Olivenöl dazu.

2 Rühren Sie nun die Masse gut durch. Schmecken Sie die Soße mit den Gewürzen ab und geben Sie zum Schluss die Kapern dazu. Rühren Sie noch einmal alles gut durch.

3 Vor dem Servieren richten Sie die Soße mit dem Fisch auf einem Teller an.

GRIECHISCHE KARTOFFELCREME

4 Port. 30 Min. Leicht

Zutaten

130 g griechischer Joghurt
400 g Kartoffeln
½ TL Salz
1 Bund Basilikum
5 EL Olivenöl
1 Prise Pfeffer

Nährwerte p. P.

209 kcal
19 g Kohlenhydrate
13 g Fett
4 g Eiweiß

1 Zunächst schälen Sie die Kartoffeln und schneiden sie in kleine Würfel.

2 Kochen Sie die Kartoffeln in Salzwasser gar und schrecken Sie sie anschließend mit kaltem Wasser ab. Nun pressen Sie die Kartoffeln durch eine Kartoffelpresse. Waschen Sie das Basilikum und hacken Sie es nach dem Abtropfen fein.

3 Geben Sie nun den griechischen Joghurt und das Olivenöl zu den gepressten Kartoffeln und mischen Sie alles gut durch.

4 Zum Schluss fügen Sie die Kräuter dazu und schmecken die Creme mit Salz und Pfeffer ab.

5 Stellen Sie die Kartoffelcreme bis zum Verzehr in den Kühlschrank.

Tipp: Sie können, wenn Sie mögen, kleingeschnittene Oliven in die Creme geben.

CHTIPITI

GRIECHISCHER SCHAFSKÄSE-DIP

1 Port.

30 Min.

Leicht

Zutaten

200 g Fetakäse
3 Knoblauchzehen
1 EL Olivenöl
½ rote Paprika
200 g Kräuterfrischkäse
1 TL Oregano
Je 1 Prise Salz und Pfeffer

Nährwerte p. 100 g

236 kcal
5 g Kohlenhydrat
19 g Fett
10 g Eiweiß

1 Schälen Sie den Knoblauch und waschen Sie die Paprika. Diese schneiden Sie in kleine Würfel.

2 Mit einem Pürierstab zerkleinern Sie nun die Paprika und pressen anschließend den Knoblauch hinein.

3 Zerteilen Sie den Feta in grobe Stücke und geben Sie ihn mit dem Frischkäse zur Paprika.

4 Pürieren Sie nun sehr vorsichtig alle Zutaten mit dem Pürierstab. Kontrollieren Sie zwischendurch die Masse, damit sie nicht zu flüssig wird.

5 Zum Schluss schmecken Sie den Dip mit Salz und Pfeffer ab.

Tipp: Dieser Dip lässt sich hervorragend variieren. Sie können zum Beispiel die Paprika weglassen, um einen Feta-Kräuter-Dip entstehen zu lassen. Ebenso können Sie statt der Paprika auch getrocknete Tomaten oder Peperoni verwenden. Weitere Möglichkeiten wären die Verwendung von Bärlauch, Chili, Avocado oder Oliven.
Der Knoblauchgehalt bleibt ganz Ihren eigenen Wünschen überlassen. Wenn Sie den Dip einige Stunden ziehen lassen können, genügen vielleicht zwei Knoblauchzehen; bei einem sofortigen Verzehr können Sie auch gerne vier Stück verwenden.

MELITZANOSALATA

GRIECHISCHER AUBERGINEN-DIP (VEGAN)

1 Port.

2,5 Std.

Leicht

Zutaten

30 g Olivenöl
15 g Weißweinessig
3 Auberginen
1 große Knoblauchzehe
3 EL Petersilie
Kreuzkümmel
Je 1 Prise Salz, Pfeffer und Zucker

Nährwerte p. 100 g

64 kcal
4 g Kohlenhydrate
4 g Fett
1 g Eiweiß

1 Als Erstes backen Sie die Auberginen bei 180 ° C im Backofen und lassen sie anschließend abkühlen.

2 Entfernen Sie die Schale und musen Sie mit einer Gabel die Auberginen zu einem Brei.

3 Mischen Sie mit der Gabel die Petersilie, das Olivenöl, den Weißweinessig und den Knoblauch hinein.

4 Anschließend schmecken Sie den Dip mit Pfeffer, Salz, Zucker sowie etwas Kreuzkümmel ab und stellen die Schüssel für ein bis zwei Stunden zum Ziehen in den Kühlschrank.

5 Da sich das Aroma dieses Dips erst nach und nach entwickelt, schmecken Sie ihn kurz vor dem Servieren erneut ab.

TSATSIKI

1 Port. 5 Std. 15 Min. Leicht

Zutaten

4 Knoblauchzehen
1 Salatgurke
500 g griechischer Joghurt
Je 1 Prise Salz und Pfeffer

Nährwerte Rezept

399 kcal
31 g Kohlenhydrate
19 g Fett
22 g Eiweiß

1 Rühren Sie zunächst den Joghurt gut durch, damit er etwas sämiger wird. Schälen Sie anschließend die Gurke und raspeln Sie sie in grobe Stücke.

2 Geben Sie etwas Salz zur Gurke und stellen Sie sie vorerst zur Seite, damit sich das Gurkenwasser absetzen kann.

3 Währenddessen schälen Sie die Knoblauchzehen und pressen sie in den Joghurt.

4 Füllen Sie nun die Gurke in ein Geschirrtuch und pressen die Flüssigkeit heraus. Geben Sie die Gurke in den Joghurt und mischen Sie alles gut durch.

5 Nach einer kurzen Ziehzeit schmecken Sie den Tsatsiki vorsichtig mit Salz und Pfeffer ab und stellen ihn dann für mindestens fünf Stunden zum Ziehen in den Kühlschrank.

FAVA

GRIECHISCHER PLATTERBSEN-DIP

6 Port.

1,5 Std.

Leicht

Zutaten

1200 ml Gemüsebrühe
300 g gelbe Platterbsen
2 Knoblauchzehen
1 Zweig Rosmarin
1 Zwiebel
2 Lorbeerblätter
50 ml Olivenöl
Saft von ½ Zitrone
Je 1 Prise Salz und Pfeffer

4 EL Schnittlauch, gehackt
1 TL Zucker
1 Zwiebel
Kapern
Olivenöl

Nährwerte p. 100 g

526 kcal
41 g Kohlenhydrate
21 g Fett
29 g Eiweiß

1 Waschen Sie die Platterbsen mit warmem Wasser gut ab. Den Knoblauch und die Zwiebel schälen Sie und schneiden beides in kleine Würfel.

2 Braten Sie die Zwiebel in Olivenöl an und geben Sie anschließend den Knoblauch und die Lorbeerblätter dazu.

3 Nach kurzem Dünsten fügen Sie die Erbsen, den Rosmarinzweig, Pfeffer, Salz sowie die Gemüsebrühe dazu und köcheln alles für etwa 40 Minuten, bis die Erbsen gar sind.

4 Es könnte sich Schaum an der Oberfläche bilden. Diesen entfernen Sie zwischendurch.

5 Holen Sie nach der Kochzeit den Rosmarinzweig und die Lorbeerblätter aus dem Sud. Mit einem Pürierstab oder Mixer pürieren Sie die Speise.

6 Es ist normal, dass das Gericht im warmen Zustand noch recht flüssig ist. Erst beim Abkühlen bekommt es eine festere Konsistenz.

7 Sie können das Fava auch warm anbieten, dann sollten Sie vor dem Pürieren ca. 200 ml von der Flüssigkeit herausnehmen und vor dem Servieren das Olivenöl und den Zitronensaft hineingeben.

8 Stellen Sie nun das Topping her, indem Sie die Zwiebel in dünne Ringe schneiden. Streuen Sie ein wenig Zucker darüber und geben Sie etwas Olivenöl dazu. In einer Pfanne bräunen Sie die Zwiebeln und geben Sie anschließen auf das Fava. Fügen Sie die Kapern, den feingehackten Schnittlauch und ein paar Zitronenscheiben dazu.

TARAMAS

GRIECHISCHE FISCHPASTE

2 Port. 30 Min. Leicht

Zutaten

150 g Kartoffeln, gekocht
40 ml Olivenöl
50 g rote Fischrogen
1 TL Zitronensaft
Je 1 Prise Salz und Pfeffer

Nährwerte p. 100 g

388 kcal
15 g Kohlenhydrate
24 g Fett
28 g Eiweiß

1 Schälen und kochen Sie die Kartoffeln gar. Anschließend lassen Sie sie abkühlen. Nehmen Sie eine kleine Menge des Fischrogens zum Garnieren zur Seite.

2 Pürieren Sie die Kartoffeln, den restlichen Rogen und das Olivenöl zu einer cremigen Masse.

3 Zum Schluss schmecken Sie die Creme mit Zitronensaft, Salz und Pfeffer ab. Garnieren Sie die Creme mit dem beiseite gestellten Fischrogen.

Griechische Gewürzmischungen

Kräuter- und Gewürzmischungen kommen in vielen Rezepten zum Einsatz. Wenn Sie auf die Verwendung von Tiefkühlprodukten verzichten wollen, können Sie anhand folgender Rezepte ganz einfach selbst solche Mischungen herstellen.

GRIECHISCHE KRÄUTERMISCHUNG

FÜR RIND, LAMM, SCHWEIN, SALATE & SOẞEN

10 Port. 5 Min. Leicht

Zutaten

2 EL getrocknetes Basilikum
1 EL Minze
2 EL Oregano
1 EL granulierte Zwiebeln
1 EL Thymian
2 EL getrockneter Schnittlauch
3 TL rosenscharfes Paprikapulver

1 Grobe Kräuter oder Gewürze zerstoßen Sie vor der Verarbeitung. Sie können auch einen Mixer verwenden, um sie zu mahlen.

2 Anschließend vermischen Sie alle Zutaten miteinander.

Tipp: In einer luftdichten Verpackung können Sie diese Gewürzmischung bis zu sechs Monate lagern.
Sie können dieses Gewürz zum Beispiel über einen griechischen Salat streuen. Wenn Sie es mit Öl vermischen, marinieren Sie zum Beispiel das Fleisch darin. Dazu vermischen Sie 100 ml Öl mit 2 EL Gewürzmischung und bestreichen das Brat- oder Grillgut damit. Nach einer halben Stunde können Sie das Fleisch zubereiten.

GYROS-GEWÜRZMISCHUNG

k. A.

5 Min.

Leicht

Zutaten

4 EL Thymian
3 TL Salz
6 TL gerebelter Oregano
3 TL Paprikapulver
3 TL gemahlener schwarzer Pfeffer
2 TL gerebelter Majoran
2 TL gemahlener Rosmarin
2 TL Zucker
2 TL granulierter Knoblauch
2 TL Korianderpulver
2 TL granulierte Zwiebeln
1 TL gemahlener Kreuzkümmel
½ TL Chilipulver

1 Vermischen Sie alle Zutaten sorgfältig miteinander.

Tipp: Sie können dieses Gewürz ein halbes Jahr aufbewahren, wenn es in eine luftdicht verschlossene Verpackung gefüllt wird. Mit etwas Olivenöl vermischt, können Sie mit diesem Gewürz eine Marinade herstellen.

Weiterhin können Sie das Gyros-Gewürz auch zum Würzen von Hackfleisch oder Souvlaki verwenden.

SOUVLAKI-GEWÜRZMISCHUNG

k. A.

5 Min.

Leicht

Zutaten

1 TL Pfeffer, schwarz
1 TL Knoblauchpulver
1 TL Salz
1 TL gemahlener Kreuzkümmel
2 TL gerebelter Thymian
2 TL gerebelter Oregano
2 TL Paprikapulver, edelsüß

1 Vermischen Sie alle Zutaten sorgfältig miteinander.

Tipp: Sie können mit dieser Mischung etwas experimentieren. Stellen Sie die Zutaten nach Ihrem eigenen Geschmack zusammen.

GRIECHISCHE KRÄUTER IM ÜBERBLICK

An dieser Stelle werden Ihnen verschiedene Kräuter und Gewürze vorgestellt, die in keiner griechischen Küche fehlen sollten.

Sie können ganz einfach aus diesen Zutaten selbst eine Kräutermischung nach Ihrem persönlichen Geschmack herstellen und zum Würzen von Salaten oder Fleisch verwenden.

Anis

- Anis wird in griechischen alkoholischen Getränken verwendet. Am bekanntesten ist hier der Ouzo.
- Weiterhin findet dieses Gewürz eine Verwendung beim Backen von Broten oder Gebäcken.
- Der Geschmack ist ähnlich wie Lakritz.

Gewürznelken

- Während in Deutschland die Gewürznelke überwiegend in der Weihnachtszeit Verwendung findet, kommt sie in Griechenland das ganze Jahr über zum Einsatz.
- Einen Einsatz findet dieses Gewürz in Broten oder Hackfleisch.
- Gewürznelken sollten sparsam verwendet werden, denn sie sind sehr geschmacksintensiv.

Kerbel

- In Griechenland kommt dieses Kraut in Fleischgerichten, Gemüse und Suppen zum Einsatz. Auch für cremige Soßen ist es hervorragend geeignet.
- Geschmacklich erinnert es ein wenig an Anis, denn der Kerbel hat ein süßlich-pikantes Aroma.

Mastix

- Mastix ist ein typisch griechisches Gewürz und hierzulande kaum bekannt. Hierbei handelt es sich um das Harz des Mastixstrauches, welches sehr aufwendig zu gewinnen ist. Diesem Umstand verdankt es auch, dass es recht teuer ist.
- Es wird zum Backen und in Süßspeisen verwendet. Weiterhin findet sich Mastix auch in einigen Likören.
- Der Geschmack von Mastix ist etwas harzig und herb.

Minze

- Die Minze wird gerne zum Halloumi, einem griechischen Käse, gereicht. Zu finden ist sie aber auch in gefüllten Weinblättern. Zudem wird sie in Griechenland gerne verwendet, um Fischgerichten und verschiedenen Getränken einen erfrischenden Geschmack zu verleihen.
- Frische Minze ist kräftig und aromatisch im Geschmack.

Paprikapulver

- Paprikapulver wird in nahezu allen griechischen Gerichten verwendet.
- Da es unterschiedliche Sorten gibt, ist auch der Geschmack recht variabel. Es gibt scharfes und edelsüßes Paprikapulver.

Rigani

- Bei Rigani handelt es sich um griechischen Oregano. Es wird ihm nachgesagt, es sei das „griechischste“ aller griechischen Kräuter. Deshalb findet es auch in fast allen Gerichten eine Verwendung.
- Rigani ist etwas intensiver im Geschmack als herkömmlicher Oregano und zeichnet sich durch ein pfeffrig-herbes Aroma aus.

Salbei

• Salbei ist in Griechenland heimisch, deshalb wird es auch gerne in der Küche verwendet. Es wird zum Würzen von Fleisch- und Fischgerichten genutzt, aber auch in Salaten sorgt es für ein außergewöhnliches Aroma.

• Geschmacklich ist Salbei stark würzig, dabei aber leicht bitter.

Thymian

• Traditionell wird Thymian in vielen griechischen Speisen verwendet. Kein Wunder, denn auch dieses Gewürz ist in Griechenland beheimatet.

• Thymian ist kräftig im Geschmack und hat ein herzhaft-frisches Aroma.

Zimt

• Im Gegensatz zu anderen europäischen Ländern wird Zimt auch in herzhaften Speisen angewendet. So wird zum Beispiel Hackfleisch damit gewürzt, aber auch Rind- oder Kaninchenspeisen damit hervorragend abgerundet.

• Zimt hat einen aromatisch-süßen Geschmack.

Fleur de sel

• Hierbei handelt es sich um ein äußerst kostbares Salz, welches zum Würzen von süßen und herzhaften Speisen verwendet wird. Es wird in sehr aufwendiger Handarbeit in Südfrankreich hergestellt.

• Beliebt ist es wegen seines unverwechselbaren Crunch und dem feinen Geschmack.